Heike Hahn

Mein Kind hat ADHS

Wie ihr im Alltag klarkommt und gemeinsam glücklich werdet

humboldt

INHALT

Schön, dass du da bist! 6

Was diesen Ratgeber von anderen ADHS-Ratgebern unterscheidet 7

Über die Autorin 8

ADHS – was ist das? 10

Die Hauptmerkmale von ADHS 12

Wenig bekannte Merkmale von intensiven Kindern 13

Intensität 14

Sensibilität 15

Beharrlichkeit 15

Hohe Wahrnehmungsfähigkeit 16

Viel Energie 17

Langsames Anpassungsvermögen 18

Ablehnende Reaktion bei Neuem 18

Ernsthafte Grundstimmung 19

Diagnose ADHS 20

So wird ADHS diagnostiziert 20

Die ADHS-Diagnose kann erleichternd sein 22

Die Diagnose als Etikett 23

Exkurs: Ritalin bei ADHS 27

Eine andere Sichtweise auf herausfordernde Kinder – ADHS als Chance 29

Kinder mit ADHS haben besondere Stärken 32

ADHS – eine Begabung? 38

Die Basis für einen entspannteren Alltag mit ADHS 40

Was braucht dein Kind, um glücklich zu sein? 40

Test: Wie temperamentvoll und intensiv ist dein Kind? 41

Kinder brauchen Begleitung, keine Erziehung 46

So wird dein Kind selbstbewusst 47

Was brauchst du, um glücklich zu sein? 50
Test: Dein eigenes Temperament 50
Wenn du selbst intensiv bist 54
Selbstfürsorge steht an erster Stelle – Übungen für mehr Kraft 57
Schaffe dir deinen Freiraum 62
Alte Rollenbilder aufgeben 64
Radikale Akzeptanz 66

Das Familienleben gestalten 68

Eine bessere Eltern-Kind-Beziehung 68
Verhalten richtig interpretieren 69
Aktiv zuhören 70
Klar kommunizieren 71
Ein anderer Umgang mit „Fehlern“ 74
Typische überfordernde Verhaltensweisen und was du tun kannst . . 75
Wenn dein Kind sich selbst abwertet 76
Stress reduzieren für Kinder und Erwachsene 78
Starke Gefühle regulieren lernen 79
Erste-Hilfe-Tipps bei innerem Druck und Aufregung 81
Umgang mit Wutausbrüchen 84
Wie kommt es zu den Wutausbrüchen? 84
Wutanfall oder Machtkampf? 86
Zuhören statt Schimpfen 87
Wutanfällen vorbeugen 88
Erziehen ohne Schreien 90
Wenn wir auf taube Ohren stoßen 91
Warum weder nett sein noch Brüllen hilft 91
Tipps gegen das Brüllen 93
Regeln festlegen, die für deine Familie passen 95

Geschwisterliebe und Rivalität 98
Wie geht's den Geschwisterkindern? 99
Was wir tun können, damit es allen in der Familie gut geht 100
Ein Kind mit ADHS allein erziehen 102
Bin ich eine gute Mutter/ ein guter Vater? 102
Wie verhältst du dich, wenn du mit unfairen Vorwürfen konfrontiert wirst? 103
Ungebetene Ratschläge? 104
Unterstützt dich dein Ex-Partner? 105

Den Alltag meistern trotz ADHS **106**

Entspannter von morgens bis abends 107
Gelassen in den Tag starten 107
Entspannt zusammen essen 111
Unter Leute gehen 114
Ins Bett gehen, einschlafen und liegen bleiben 116
Ordnung schaffen und halten 120
Ordnung schaffen 121
Was Ordnung mit Konzentration zu tun hat 123
ADHS und digitale Medien 124
Aufmerksamkeitsstörungen durch digitale Medien? 125
Gesunde Ernährung bei ADHS 130
Gesunde Ernährung im Alltag 130
Kinder entscheiden sich für gesundes Essen 131
Gesunde Snacks für gute Stimmung 132
Häufige Unverträglichkeiten bei ADHS 133
Günstige und ungünstige Lebensmittel bei ADHS 134

Gut durch die Schule mit ADHS 137
Warum die Schule für viele Kinder mit ADHS ein Drama ist 139
Gleich nach der Einschulung beginnt das Theater 139
Dein Kind besser verstehen 140
Freundschaften schließen 142
Sozialverhalten kann erlernt werden 144
Was tun bei Mobbing? 145
Was tun, wenn Lehrer*innen ungerecht sind? 147
Mit der Schule zusammenarbeiten 147
Gespräche mit Lehrer*innen konstruktiv führen 148
Hilfe! Hausaufgaben und ADHS 149
Für Motivation sorgen 151
Hausaufgaben spannend gestalten 153
Die richtige Schule für dein Kind 154
Wie du die passende Schule für dein temperamentvolles Kind findest 155
Herausforderungen an „normalen“ Schulen 156
Montessorischulen 158
Waldorfschulen 162

Was ich dir noch mitgeben möchte 164
Falls du dir Unterstützung wünschst 165
Wo du außerdem Hilfe bekommst 166
Danke 167
Lesenswerte Bücher und hilfreiche Links 168

SCHÖN, DASS DU DA BIST!

Liebe Mama, lieber Papa von einem besonderen Kind – von einem Kind, das dich ganz besonders fordert! Bei deinem Sohn oder deiner Tochter wurde ADHS diagnostiziert? Oder du fragst dich vielleicht schon länger, ob dein Kind diese Störung haben könnte, weil es dich immer wieder an deine Grenzen bringt? Möglicherweise haben dich auch andere Menschen, zum Beispiel eine Lehrerin, auf ADHS angesprochen, weil sich dein Kind in ihren Augen so anders verhält als „normale" Jungs und Mädchen? Wie dem auch sei: Sicher hast du unzählige Fragen und suchst dringend Unterstützung für dich und dein besonderes Kind. Zum Glück hältst du nun dieses Buch in den Händen!

Dieses Buch zeigt dir, wie du trotz aller Herausforderungen, die ein intensives Kind mit sich bringt, gelassen bleibst und akuten Situationen den Wind aus den Segeln nimmst. Nur Mut! Ich habe es geschafft und du kannst es auch. Ein glückliches Familienleben, in dem gelacht wird und alle sich richtig gernhaben, kann auch mit einem ADHS-Kind gelingen.

Was diesen Ratgeber von anderen ADHS-Ratgebern unterscheidet

Über ADHS gibt es eine Menge Bücher – dieser Ratgeber schaut aus einer anderen Richtung auf Kinder mit ADHS, nämlich auf das Potenzial. Du wirst Stärken in deinem Sohn oder deiner Tochter entdecken, von denen du bisher nichts geahnt hast. Ich zeige dir, wie du mit der besonderen Veranlagung deines Kindes arbeitest statt gegen sie.

In diesem Buch erhältst du eine Fülle von wirksamen und wenig bekannten Strategien, wie du den typischen Schwächen deines Wirbelwindes begegnen kannst. Außerdem finden wir gemeinsam heraus, warum sich dein herausforderndes Kind verhält, wie es sich eben verhält.

Du wirst keine Punktepläne und Belohnungssysteme in diesem Ratgeber finden. Dazu gibt es genug Literatur. Dafür erfährst du, was dein Kind besonders macht, welche Eigenheiten seiner Veranlagung für Probleme sorgen könnten und was du konkret tun kannst, damit diese Energie in eine konstruktive Richtung gelenkt wird.

Du wirst lernen, wie du wieder an dein Kind herankommst und eine sichere Beziehung aufbaust. ADHS ist kein Schicksal, dem du hilflos ausgeliefert bist. Du kannst viel tun, damit in eurem Familienleben Freude und Lachen den Alltag bestimmen und dein Kind seinen Weg erfolgreich geht.

Ich wünsche dir ganz viel Erfolg dabei!

Deine Heike Hahn

ANMERKUNG

Weil „ADHS-Kind" ein stigmatisierendes Etikett ist, vermeide ich diese Bezeichnung so gut es geht – oder setze es in Anführungszeichen. Lieber nenne ich diese Kinder Wirbelwinde, intensiv, gefühlsstark oder temperamentvoll. Ich meine, dass diese Begriffe diesen wundervollen Kindern viel besser gerecht werden.

Über die Autorin

Ich war ein „ADHS-Kind"! Herausgefunden habe ich das „zufällig" auf einem Kongress für Musikpädagogen, als ich schon erwachsen war. In diesem einen Moment, als eine Kinderärztin über ADHS sprach, wurde mir alles klar: Meine gesamte Schulzeit über habe ich mich immer wieder gefragt, was bloß los war mit mir. Manchmal habe ich mich irgendwie komisch und dumm gefühlt, und dann wieder gab es Situationen, in denen ich als Einzige in der Klasse die Antwort auf eine Frage wusste.

Wenn mich ein Thema interessiert hat, bin ich tief eingetaucht und konnte die Zeit komplett vergessen. Dann hatte ich Erfolg. Leider war es auch andersrum: Viel vom Schulstoff hat mich weniger interessiert und dementsprechend waren meine Leistungen mittelmäßig und schlimmer. Ehrlich gesagt, war ich wohl ziemlich anstrengend für meine Eltern und die Lehrerinnen und Lehrer.

Doch später, als ich wählen durfte, was ich im Leben machen wollte, kam der Durchbruch. Ich blühte auf! Endlich konnte ich meinen Interessen folgen!

Mein Lebenslauf ist bunt und vielfältig, was typisch für Menschen mit ADHS ist. Aber ich möchte nicht einen Tag aus meinem intensiven

Leben missen! Als ich erkannt habe, warum ich „anders“ bin, habe ich mich mit meinen Eigenheiten angefreundet.

Seitdem vergleiche ich mich nicht mehr mit anderen und gehe meinen Weg. Ich habe die Erfahrung gemacht, dass es möglich ist, mit ADHS ein gelingendes und glückliches Leben zu führen.

Inzwischen bin ich sogar dankbar für mein ADHS!

Nach meiner eigenen ADHS-Diagnose bin ich tief in das Thema eingetaucht und habe entdeckt, dass ADHS viele Facetten hat. Es ist ein unglaublich spannendes Gebiet, denn Menschen mit ADHS bringen so viele Stärken mit. Sie auf die Krankheit zu reduzieren, wird ihnen nicht gerecht. Es tat mir weh, immer wieder zu erleben, wie Kinder wegen ihres Andersseins verkannt und ausgeschlossen wurden.

Deshalb habe ich mich aufgemacht, ADHS in der Tiefe zu erforschen, um Eltern und Kindern mit ADHS helfen zu können. Dazu habe ich mich durch Stapel von Büchern gearbeitet, Expert*innen befragt und Ausbildungen absolviert. Und täglich kommen neue Einsichten dazu bei meiner Arbeit mit Eltern von herausfordernden Kindern. Der Weg ist noch lange nicht zu Ende.

Am allermeisten habe ich durch meine vier Kinder gelernt, die das intensive Temperament und den eigenen Willen wohl von mir geerbt haben. Den Leidensweg und die Herausforderungen, mit denen Eltern täglich zu kämpfen haben, kenne ich allzu gut, weil ich es selbst erlebt habe.

Inzwischen weiß ich, dass und wie ein erfülltes Leben mit herausfordernden und gleichermaßen wundervollen Kindern gelingen kann. Und genau dieses Wissen, praktische Tipps und viel Inspiration möchte ich dir weitergeben.

ADHS – WAS IST DAS?

Worin unterscheiden sich Kinder mit ADHS von anderen Kindern? Eines ist sicher: Sie fallen auf. Denn sie machen sich bemerkbar durch intensive Gefühlsausbrüche, lautstarke Willensbekundungen, Beharrlichkeit und ein lebhaftes Temperament. So ein Kind kann man nicht übersehen. Die Ursachen für ADHS sind vielfältig – und jedes „ADHS-Kind" ist anders. In diesem Kapitel lernst du neben den häufig genannten Symptomen von ADHS auch einige weniger bekannte Merkmale kennen, die die intensiven Kinder so besonders machen. Und ich gebe dir Erste-Hilfe-Tipps, wie du mit den Besonderheiten deines Kindes umgehen kannst.

Wenn das herausfordernde Kind unser erster Nachwuchs ist, finden wir das Elternsein zunächst enorm anstrengend. Vielleicht denken wir, dass es allen Müttern und Vätern so geht, weil uns der Vergleich fehlt. Aber bald merken wir, dass unser Kind anders ist.

Sind Kinder unnormal oder sogar krank, weil sie ihre Eltern und andere Menschen besonders herausfordern? Mir fiel es schon lange schwer zu akzeptieren, dass Kinder, die nicht so funktionieren, wie es sich Erwachsene wünschten, schnell das Etikett „ADHS" aufgeklebt bekommen. Auf der Suche nach einer befriedigenden Antwort befragte ich Kinderärztinnen und -ärzte, Wissenschaftler*innen und Therapeut*innen, und arbeitete mich durch Stapel von Büchern zu

ADHS. Es war wie ein spannendes Puzzle. Ich fand immer mehr Teile, die zueinanderpassten und meine Erfahrungen als Vierfach-Mama und ADHS-Coach bestätigten: Intensive Kinder werden zu oft verkannt und bergen meist große Schätze in sich. Es lohnt sich auf jeden Fall, bei diesen Kindern genau hinzuschauen – das zeigen auch die vielen Geschichten meiner Klient*innen, wie die von Henrike und ihrer Tochter:

Henrikes Tochter brüllte bereits in der ersten Nacht nach der Geburt dermaßen ausdauernd, dass alle Babys auf der Säuglingsstation aufwachten. Zu Hause ging es so weiter: Die Kleine schlief nie mehrere Stunden am Stück, wie es in den Ratgebern beschrieben wurde. Der Kinderarzt bestätigte Henrike, dass ihre Tochter gesund, aber eben sehr agil und aufgeweckt sei. Das war beruhigend und gleichzeitig nicht hilfreich, denn nach kurzer Zeit war die alleinerziehende Henrike völlig erledigt.

Mit der Zeit fand Henrike Wege, mit dem eisernen Willen und der vielen Energie ihrer Tochter umzugehen. Sie erkannte, dass die Persönlichkeit ihrer Tochter nicht nur anstrengend war – in konstruktive Bahnen gelenkt, bewirkten die Eigenschaften ihrer Tochter viel Gutes: Sie wusste immer, was sie wollte und hatte eine enorme Ausdauer, wenn es um das Erreichen ihrer Ziele ging.

Inzwischen ist Henrikes Tochter erwachsen und Chirurgin in einem Krankenhaus. Im Trubel der Unfallstation ist sie in ihrem Element. Denn dort braucht es entschlossene, flexible Menschen mit viel Energie, die auch mit wenig Schlaf auskommen.

Der Werdegang von Henrikes Tochter zeigt: ADHS macht das Leben von Betroffenen anstrengender, keine Frage. Aber das Syndrom bringt auch Eigenschaften mit sich, die – richtig erkannt und gefordert – besondere Potenziale bereithalten.

Aber welche Eigenschaften und Symptome stecken überhaupt hinter der Diagnose „ADHS“? Und was sind die Ursachen – handelt es sich dabei um eine Krankheit, die Folgen von „falscher“ Erziehung oder ist mein Kind einfach so? Die Antwort ist nicht ganz so einfach ...

Die Hauptmerkmale von ADHS

Medizinisch betrachtet ist ADHS eine psychische Störung, die häufig schon in den ersten fünf Lebensjahren auftritt. Meist äußert sie sich darin, dass Betroffene kaum Durchhaltevermögen haben, wenn es um Beschäftigungen geht, die viel Konzentration erfordern. Sie haben die Tendenz, von einer Tätigkeit zur anderen zu wechseln, ohne etwas zu Ende zu bringen.

Kinder mit ADHS handeln oft impulsiv und ohne nachzudenken. Deshalb passieren ihnen häufiger Unfälle und Missgeschicke. Regeln verletzen sie eher unabsichtlich und werden deshalb oft kritisiert und bestraft.

Anderen Menschen gegenüber verhalten sie sich oft distanzlos und allzu vertraut – und bemerken dabei nicht, dass anderen diese Nähe zu viel wird. Deshalb sind sie bei anderen Kindern manchmal unbeliebt und werden ausgegrenzt. Aus diesen Gründen haben viele Kinder mit ADHS ein niedriges Selbstwertgefühl.

Die Ursachen für ADHS sind multifaktoriell. Das bedeutet, es kommen mehrere Faktoren zusammen, damit ein Kind das für ADHS typische Verhalten zeigt: Genetik, Veranlagung, das Umfeld, Erfahrungen, erhöhter Konsum von elektronischen Medien und auch die Ernährung. All diese Faktoren spielen eine Rolle.

Schauen wir uns zuerst die klassischen Symptome von ADHS an. ADHS steht für „Aufmerksamkeitsdefizit-Hyperaktivitätsstörung“. Es geht also um Störungen der Aufmerksamkeit in Verbindung mit Hyperaktivität.

Folgende Symptome charakterisieren ADHS:
Aufmerksamkeitsdefizit: Tätigkeiten werden abrupt abgebrochen und nicht zu Ende geführt; geringe Konzentrationsfähigkeit und hochgradige Ablenkbarkeit.
Impulsivität: Mangelnde Impulskontrolle und niedrige Frustrationstoleranz, Handlungen werden nicht bedacht.
Hyperaktivität: Übermäßige Rastlosigkeit, Herumlaufen, nicht Stillsitzen können, ständiges lautes und schnelles Sprechen.

Wenig bekannte Merkmale von intensiven Kindern

Die klassischen Merkmale von ADHS kennst du bereits. Allerdings existieren unzählige Ausprägungen der Störung. Das „ADHS-Kind“ gibt es nicht! Jedes Kind ist einzigartig, und deshalb wollen wir unser Kind nicht auf drei Symptome reduzieren.

Es gibt weitere, weniger bekannte Eigenheiten, die intensive und temperamentvolle Kinder ausmachen. Diese Merkmale sind der Grund dafür, dass herkömmliche Erziehungsmethoden bei diesen Kindern nicht funktionieren. Zu jedem dieser Besonderheiten von intensiven Kindern gebe ich dir erste Tipps, wie du mit ihnen umgehen kannst.

Intensität

Kinder mit ADHS sind wie andere Kinder, fallen aber durch ihre Leidenschaft auf. Sie fühlen intensiver. Wenn sie sich freuen, dann sind sie begeistert bis euphorisch, und wenn sie traurig sind, geht in ihren Augen die Welt unter. Da ist nichts Gespieltes und Theatralisches, die Kinder fühlen wirklich so intensiv. In diesen Situationen erleben sie größte Freude oder tiefstes Leid. Die Stimmungen können von einem auf den anderen Moment wechseln.

Intensive Kinder sind oft laut und immer in Bewegung. Wenn sie einen guten Tag haben, singen und tanzen sie durchs ganze Haus. Wenn sie aber einen schlechten Tag haben, knallen die Türen, und sie machen ihrem Unmut lautstark Luft. Sie sind einfach extrem in allem, was sie tun.

Es gibt aber auch intensive Kinder, die leise sind. Sie fühlen genauso stark wie die lauten Kinder, aber richten ihre Gefühle mehr nach innen. Diese Kinder sind sehr fantasievoll und neigen zum Tagträumen. Es sind die Kinder, die in der Schule aus dem Fenster schauen, wenn der Lehrer etwas erklärt. Das sind die Träumerchen oder Kinder mit ADS, also ohne Hyperaktivität.

Das intensive Temperament ist den Kindern in die Wiege gelegt worden und wird ihnen ihr Leben lang erhalten bleiben. Unsere Aufgabe als Eltern ist es, die Kinder liebevoll zu begleiten und sie bei ihren intensiven Gefühlszuständen verständnisvoll zu unterstützen.

Das kannst du tun: Wenn du weißt, dass dein Kind intensiv ist und dich nicht absichtlich ärgert oder provoziert, kannst du viel gelassener auf Wutanfälle und andere Gefühlsausbrüche reagieren. Du kannst deinem Kind beibringen, wie es sich selbst regulieren kann. Wie das geht, erfährst du im Laufe des Ratgebers.

Sensibilität

Wirbelwinde sind äußerst sensibel. Weil man es den lebhaften und oft lauten Kindern nicht so leicht anmerken kann, halten wir sie für robuster, als sie in Wirklichkeit sind. Sie nehmen blitzschnell alles in ihrer Umgebung wahr: Geräusche, Lichter, Gerüche, Bewegungen, Temperaturveränderungen, Berührungen auf ihrer Haut. Von diesen unzähligen, sich stets verändernden Eindrücken, die im Laufe eines Tages auf sie einstürmen, werden die Kinder regelrecht überflutet. Mit diesem Wissen können wir nachvollziehen, warum ein Kind im Einkaufszentrum durchdreht oder sich bei Menschenansammlungen wie auf dem Jahrmarkt sehr unwohl fühlt. Die sensiblen Kinder nehmen wie empfindlichste Seismografen Stimmungen und Emotionen aus ihrem Umfeld auf und reagieren sofort darauf – auch mit scheinbar unangemessenem Verhalten, was bei näherer Betrachtung doch nicht so unangemessen ist.

Das kannst du tun: Denke daran, dass dein Kind, so laut und rüpelhaft es sich benehmen kann, einen sehr zarten Kern hat. Schwieriges Verhalten zeigt sich oft, wenn ein Kind überfordert ist.

Beharrlichkeit

Auch Kinder mit ADHS können durchhalten und sich dauerhaft für Dinge begeistern. Wenn – und jetzt kommt es – sie Interesse an einer Sache haben und sich damit beschäftigen wollen!

Der Schulstoff und die Hausaufgaben gehören leider meistens nicht zu diesen Dingen. Wahrscheinlich hast du selbst schon erlebt, wie dein Kind so versunken in sein Spiel war, dass es nichts mehr um sich wahrgenommen hat. Schon gar nicht deine Aufforderungen, doch endlich zum Essen zu kommen.

Die Kinder handeln stur und eigensinnig und haben ihre eigene Vorstellung, wie die Dinge laufen sollten. Oft wirkt es so, als ob die Kinder nicht zuhören könnten oder wollten. Das ist eine ungerechte Unterstellung, denn ein beharrliches Kind, wenn es versunken ist in sein Spiel, blendet alles um sich herum aus. Es tut das nicht absichtlich, es kann nicht anders.

Das kannst du tun: Lerne im Kapitel „Gut durch die Schule mit ADHS" Strategien kennen, wie du langweilige Aufgaben interessant gestalten kannst. Und beschäftige dich mit einer Methode, mit der du dein Kind erreichst, wenn es wieder mal nicht auf dich hört. Die findest du im Kapitel „Erziehen ohne Schreien".

Hohe Wahrnehmungsfähigkeit

Die hohe Wahrnehmungsfähigkeit hängt eng mit der stark ausgeprägten Sensibilität zusammen. Dadurch, dass die Kinder durch ihre empfindlichen Sinne die geringsten Reize aus ihrer Umgebung wahrnehmen, lassen sie sich schnell ablenken. Ein Kind nimmt sich vor, ein Buch, das es für seine Hausaufgaben braucht, aus seinem Zimmer zu holen, sieht dort den Legokasten und schon ist's passiert ... Es ist im Spiel versunken und denkt nicht mehr daran, dass es nur ein Buch aus seinem Zimmer holen wollte.

Das kannst du tun: Versuche Situationen, in denen dein Kind sich ablenken lässt, mit Humor zu nehmen. Bleibe gelassen und erinnere dein Kind immer wieder daran, was es tun wollte. Du kannst deinem Kind auch beibringen, sich selbst Anweisungen zu geben.

Viel Energie

Meine zweite Tochter robbte als ganz kleiner Säugling vom Kopf- bis zum Fußende ihres Bettchens. Vorher hat sie sich von der Rücken- in die Bauchlage gedreht. Die Hebamme, die zufällig da war, und ich waren platt. Auch heute findet das Mädel keine Ruhe. Man könnte ja etwas verpassen ...

Wenn man meinen Eltern Glauben schenkt, war auch ich ein sehr aktives Kind, immer bin ich gerannt und war – zack – auf den höchsten Bäumen. Den linken Arm habe ich mir dabei gebrochen und auch ein paar Kopfverletzungen zugezogen. Typische Kollateralschäden bei energiegeladenen Kindern.

Viele energiegeladene Kinder können nicht still sitzen und zappeln auf ihren Stühlen. Ein langer Vormittag in der Schule ist die reinste Qual für sie. Einige Schulen haben das Problem erkannt und erlauben den Kindern, im Unterricht aufzustehen und sich zu bewegen.

Die meisten energiegeladenen Kinder sind nicht wild oder unkontrolliert, sie setzen ihre Power durchaus zielgerichtet ein. Vor allem, wenn sie beharrlich sind. Ganz schön anstrengend für ihre Eltern ...

Das kannst du tun: Akzeptiere, dass dein Kind so lebendig ist und sage dir, dass so viel Energie großartig ist. Dein Kind wird spätestens als Erwachsene*r einiges vollbringen können. Sorge dafür, dass dein Wirbelwind genug Bewegung bekommt. Lange Theater- oder Konzertbesuche verschiebst du besser auf später. Oder ihr organisiert einen Babysitter, der zu Hause bei eurem Kind bleibt, wenn ihr euch einen schönen Abend außer Haus machen wollt.

Langsames Anpassungsvermögen

Vielen temperamentvollen Kindern fällt es schwer, sich an veränderte Umstände anzupassen. Sie mögen unvorhergesehene Ereignisse überhaupt nicht, weil sie sich dadurch verunsichert fühlen. Ihnen ist es wichtig, dass Vereinbarungen eingehalten werden. Wenn sich ein temperamentvolles Kind den ganzen Morgen aufs Freibad gefreut hat und der Ausflug abgeblasen wird, weil dicke Gewitterwolken aufziehen, ist die riesengroße Enttäuschung vorprogrammiert.

Auch Umstellungen, von denen es den Tag über eine Menge gibt, bereiten ihnen Mühe. Das beginnt damit, aus dem Schlaf in den Wachzustand zu wechseln. Den warmen Schlafanzug auszuziehen und unter die Dusche zu steigen. Das Haus zu verlassen, um in die Schule zu gehen ... Diese alltäglichen Wechsel sind für intensive Kinder anstrengend.

Das kannst du tun: Bereite dein Kind auf Umstellungen vor. Kündige an, wenn es Zeit wird, aufzustehen, sich anzuziehen, zum Essen zu kommen. Dann hat dein Kind ein paar Minuten, um sich auf das Kommende einzustellen.

Ablehnende Reaktion bei Neuem

Neue Situationen verunsichern viele Kinder mit ADHS. Die erste Reaktion ist dann grundsätzlich ein Nein. Auch wenn es der ersehnte Besuch im Zirkus ist, kann es passieren, dass sich das Kind zunächst weigert, das Zelt zu betreten. Noch deutlicher wird die ablehnende erste Reaktion beim Schwimmkurs. Es kann eine ganze Weile dauern, bis das Kind überhaupt bereit ist, ins Wasser zu gehen. Auch unbekannten Personen gegenüber sind diese Kinder abwartend und scheu. Sie brauchen einige Zeit, um warm zu werden.

Das kannst du tun: Gib deinem Kind die Zeit, die es benötigt, um sich auf etwas Neues einzustellen. Rede ihm gut zu, aber dränge es nicht.

Ernsthafte Grundstimmung

Unter den intensiven Kindern gibt es sehr ernsthafte und nachdenkliche Typen. Sie hinterfragen und analysieren Situationen. Dazu sind sie ausgesprochen gerechtigkeitsliebend und setzen sich für die Schwächeren ein. Dabei sind sie sehr direkt und nicht besonders diplomatisch. Es geht ihnen immer um die Sache, die Gefühle der anderen sehen sie in diesen Momenten nicht. Für sie ist das Glas eher halb leer, und wenn sie einen tollen Erfolg erzielt haben, sehen sie das, was noch besser hätte sein können. Diesen ernsten Kindern fällt es schwer, Freude zu zeigen. Das kann für ihre Eltern manchmal frustrierend sein.

Das kannst du tun: Annehmen, dass dein Kind von der ernsthaften Art ist. Vielleicht wünschst du dir manchmal, dass dein Kind fröhlicher und unbeschwerter wäre. Aber sei dir gewiss, dass dein Kind überdurchschnittlich intelligent ist, viel Tiefgang hat und seinen Weg machen wird.

Diagnose ADHS

Wenn du vermutest, dass dein Kind ADHS hat, ist der erste Schritt der Besuch bei der Kinderärztin oder beim Kinder- und Jugendpsychiater.

Der Arzt oder die Ärztin führt eine aufwendige Diagnostik durch. Sehr wichtig ist, dass dein Kind auch körperlich untersucht wird, damit organische Krankheiten als Ursache ausgeschlossen werden. Nicht immer, wenn es nach ADHS aussieht, steckt wirklich ADHS dahinter. Entwicklungsstörungen, Ängste, Seh- und Hörprobleme, eine unterdurchschnittliche, aber auch eine überdurchschnittliche Intelligenz oder auch Autismus können zu den gleichen Symptomen führen.

Wenn du dir also Sorgen um dein Kind machst, suche unbedingt einen Kinderarzt oder -ärztin deines Vertrauens oder gleich eine*n Kinder- und Jugendpsychiater*in auf. Wenn du dir unsicher bist, hole noch eine zweite Meinung ein.

So wird ADHS diagnostiziert

Häufig erfolgt die Diagnose durch eine*n Kinder- und Jugendpsychiater*in oder beim Sozialpädiatrischen Zentrum (SPZ). Dorthin überweist euch der Kinderarzt.

Vor dem Termin erhaltet ihr Fragebögen: Hier kreuzen die Eltern an, wie sie ihr Kind in verschiedenen Situationen des Alltags erleben. Oft sollen auch die Erzieherinnen oder die Lehrer das Verhalten des Kindes im Kindergarten oder in der Schule einschätzen.

Am Tag der Diagnostik wird ein*e Mitarbeiter*in der Praxis ein Gespräch mit dir und deinem Kind führen und einige Tests wie einen Aufmerksamkeits- und einen Intelligenztest durchführen.

Die Diagnose wird nach ICD-Kriterien gestellt, dem Klassifikationssystem für medizinische Diagnosen der Weltgesundheitsorganisation (WHO). Das System sieht vor, dass mindestens sechs Anzeichen von Unaufmerksamkeit, drei von Hyperaktivität und ein Hinweis auf Impulsivität vorliegen müssen. Diese Anzeichen müssen schon vor dem siebten Geburtstag aufgefallen sein.

Das sind die möglichen Anzeichen, die in die Diagnose einbezogen werden:

Unaufmerksamkeit:

- Macht viele Flüchtigkeitsfehler bei Aufgaben in der Schule, Ausbildung und zu Hause oder Unachtsamkeit, wenn es um Details geht.
- Kann sich nur schlecht über längere Zeit auf eine Sache konzentrieren, ob beim Spielen oder anderen Beschäftigungen.
- Hört in Gesprächen oder im Unterricht oft nicht zu.
- Führt Aufgaben oder Tätigkeiten oft nicht zu Ende aus. Macht zum Beispiel die Hausaufgaben nicht fertig oder bricht Spiele mit anderen ab.
- Kann seine Aufgaben und seinen Alltag schlecht organisieren.
- Hat eine starke Abneigung gegen Aufgaben, die längerfristige Konzentration erfordern und meidet diese.
- Verliert oft Gegenstände, die in der Schule oder Ausbildung benötigt werden, wie Stifte, Schulbücher oder Werkzeug.
- Wird häufig von Reizen aus der Umgebung abgelenkt.
- Vergisst vieles im Alltag.

Hyperaktivität

- Ist oft unruhig, zappelt mit den Händen oder Füßen oder rutscht auf dem Stuhl herum.
- Steht oft auf, auch wenn es gerade nicht passt, zum Beispiel in einer Unterrichtsstunde.
- Läuft häufig wild umher oder klettert auf Gegenstände, obwohl dies unangemessen ist.
- Tut sich schwer damit, während des Unterrichts oder in der Freizeit leise zu sein.
- Ist immer in Bewegung oder wirkt angetrieben.

Impulsivität

- Unterbricht häufig andere, platzt in Unterhaltungen oder Spiele hinein.
- Antwortet oft schon auf Fragen, bevor sein Gegenüber diese zu Ende gestellt hat.
- Tut sich schwer damit zu warten, bis sie oder er an der Reihe ist.

Entscheidend ist, dass die Anzeichen wesentlich stärker ausgeprägt sind als bei „normalen" Kindern und in verschiedenen Situationen auftreten. Dazu sprechen wir erst von einer Erkrankung, wenn dass das Kind und/oder seine Bezugspersonen deutlich darunter leiden.

Die ADHS-Diagnose kann erleichternd sein

Die ADHS-Diagnose kann uns zunächst erleichtern. Endlich wissen wir, was mit unserem Kind los ist! Nicht wir und unsere Erziehung sind die Ursache für die Schwierigkeiten, die wir täglich mit unserem Kind erleben, sondern es leidet unter einer psychiatrischen Störung. Mit dem Wissen, dass unser Kind ADHS hat, können wir sein Verhalten besser einordnen und verständnisvoller reagieren.

Wenn wir das Glück haben, von einem Kinderarzt oder Psychologin, der oder die sich mit ADHS auskennt und ganzheitlich denkt, beraten zu werden, kann jetzt ein auf die Bedürfnisse des Kindes abgestimmter Behandlungsplan beginnen. Dazu gehören fast immer kognitive Verhaltenstherapie, Bewegungstherapie und ein Elterntraining, in dem Eltern lernen, wie sie mit den Herausforderungen von ADHS umgehen können. Bei schweren Formen von ADHS werden, um eine Therapie erst möglich zu machen, häufig Medikamente – zum Beispiel Ritalin – verschrieben.

Achtung! Falls euer Kinderarzt Ritalin oder andere Psychopharmaka verschreibt, ohne dass dein Kind zuvor psychotherapeutisch behandelt wurde, solltest du eine zweite Meinung einholen.

Die Diagnose als Etikett

Die Diagnose kann auch stigmatisierend wirken. Sie besagt immerhin, dass das Kind eine psychiatrische Störung hat – es ist „gestört". Leider werden auch heute noch Menschen mit ADHS schief angesehen und sind Vorurteilen ausgesetzt: Sie gelten als chaotisch, unberechenbar, seltsam und nicht ernst zu nehmen.

Viele denken sofort an Kinder, die grundlos ausflippen und auch sonst nur Probleme machen. Wildfänge, die in einer Klasse negativ auffallen und ihren Lehrer*innen das Fürchten lehren. Gören, von denen man alles Mögliche erwartet, nur keine erfolgreiche und glückliche Zukunft.

GUT ZU WISSEN – DIE MACHT DER SPRACHE

In jedem Wort sind Gefühle gespeichert. Wenn wir ein Wort aussprechen, hören oder daran denken, werden diese Gefühle in uns wieder aktiviert. Denk an das Wort „Schule". Je nachdem, welche Erfahrungen du in der Schule gemacht hast, löst das Wort angenehme oder unangenehme Gefühle in dir aus.

Noch stärker ist dieser Effekt bei Etiketten, die wir im Ärger automatisch und unbedacht für andere Menschen verwenden: Depp, Dummkopf, Lahmarsch, aggressiv, bösartig, gestört, verrückt ... Diese Wörter machen nicht nur etwas mit unserem Gegenüber, sondern auch mit uns.

Denken wir zum Beispiel an das Wort aggressiv, steigen automatisch Aggressionen in uns auf.

Dass Wörter eine so starke Wirkung haben, liegt daran, dass sie mit Erlebnissen verknüpft sind. Wenn wir das Wort erneut hören, sagen oder denken, wird das Gefühl, was wir damals erlebt haben, wieder aktiv. Und je öfter wir das Wort gebrauchen, desto stärker wird das damit verbundene Gefühl in uns verankert. Mit der Zeit hat das Auswirkungen auf unsere Lebensqualität.

Wenn das Gefühl, das mit einem Wort verbunden ist, angenehm ist, wunderbar! Aber wenn das Gefühl unangenehm oder bedrohlich ist, sollten wir darauf achten, welche Wörter wir häufig verwenden.

Unser intensives Kind macht es uns nicht gerade leicht, positive Gedanken zu hegen. Oft genug bringt uns sein Verhalten auf die Palme. Dennoch ist es wichtig, dass wir darauf achten, mit welchen Wörtern wir unser Kind benennen, auch nur in Gedanken. So verhindern wir, dass wir unsere Töchter und Söhne langfristig mit negativen Begriffen in Verbindung bringen.

Es kann geschehen, dass Lehrer*innen von Kindern mit ADHS nichts Gutes erwarten. Sie etikettieren diese Kinder als „schlechter Schüler", „Klassenclown", „Träum-Suse", „Tollpatsch", „Zappelphilipp" oder „Störer". Dieses stigmatisierende Etikett macht, dass ein Kind – das ganz normal ist, aber mehr von allem hat – alles tut, um die in es gesetzten Erwartungen zu erfüllen: Es verhält sich auffällig, wird ein schlechter Schüler, hat die falschen Freunde und gerät vielleicht auf die schiefe Bahn. Der sogenannte Pygmalion-Effekt hat zugeschlagen!

Dieses psychologische Phänomen besagt: Negative Erwartungen in ein Kind beeinflussen dieses so, dass es tatsächlich schlechte Leistungen erbringt. Der amerikanische Psychologe Robert Rosenthal konnte das in den 1960er-Jahren erstmals in einem Experiment nachweisen; viele weitere Studien bestätigten seine Ergebnisse.

Das Etikett „ADHS" beeinflusst unsere Wahrnehmung des Kindes und kann bewirken, dass wir nur noch die Defizite sehen. Das Kind mit seinen Bedürfnissen und seinem Potenzial nehmen wir so gar nicht mehr wahr. Dabei können wir eine glückliche Beziehung zu unserem Kind nur haben, wenn wir es mit allem, was es ausmacht, annehmen und mit den Stärken arbeiten.

Aus meiner Arbeit mit temperamentvollen Kindern und ihren Eltern kann ich sagen, dass diese außergewöhnlichen Kinder wundervolle Schätze in sich bergen, die nur darauf warten, entdeckt zu werden!

GUT ZU WISSEN! – AUCH KINDER REAGIEREN VOREINGENOMMEN

Sogar Kinder reagieren voreingenommen, wenn ihnen ein Kind als verhaltensgestört vorgestellt wird.

Ein Forscherteam um den amerikanischen Wissenschaftler Richard Milich beobachtete die Interaktion zwischen jeweils zwei Kindern, die einander nicht kannten. Einigen Kindern wurde vor dem Experiment mitgeteilt, dass ihr Spielkamerad verhaltensgestört sei. In diesen Fällen wurde das als verhaltensgestört bezeichnete Kind weniger freundlich behandelt und eher aus dem Spiel ausgeschlossen als Kinder, deren Spielkamerad diese Information nicht erhalten hatten.

Die betroffenen Kinder spürten die Ablehnung und verstärkten daraufhin durch ihr eigenes Verhalten die negativen Reaktionen, wodurch sich ihr eigenes negatives Verhalten wiederum verstärkte. Ein Teufelskreis begann.

„So bin ich nun mal!" – ADHS als Ausrede

Gabriele, 17, müsste für ihr Abi lernen: „Ich kann mich einfach nicht auf den Stoff konzentrieren. Das liegt an meiner ADHS." Daraufhin schaute sie sich einen Film auf Netflix an.

Mit 17 wird Gabriele vielleicht nicht mehr auf den Rat ihrer Eltern hören. Aber es wäre einen Versuch wert, mit ihr über die vielen beruflichen Möglichkeiten zu sprechen, in denen Menschen mit ADHS richtig in ihrem Element sein können. Das könnte sie zum Durchhalten anspornen.

Von älteren Kindern und Jugendlichen wird die Diagnose ADHS gerne als Ausrede benutzt, wenn sie nicht lernen wollen oder können. Schwer zu sagen, ob sie selbst daran glauben, dass sie wegen ADHS nicht in der Lage sind, zu lernen und sich deshalb nicht ernsthaft bemühen, oder ob sie schlicht keine Lust dazu haben. Wahrscheinlich ist es eine Mischung aus beidem.

Die ADHS-Diagnose birgt also ebenso Chancen wie Gefahren. Wäge gut ab, ob ihr eine ADHS-Diagnostik durchführen lassen wollt. Bedenke auch, dass es zu fehlerhaften Diagnosen kommen kann. Therapeutische Hilfe und Unterstützung könnt ihr selbstverständlich auch ohne ADHS-Diagnose bekommen. Hör auf dein Bauchgefühl und lass dich vom Kinderarzt oder der Kinderärztin deines Vertrauens ausführlich beraten.

Exkurs: Ritalin bei ADHS

Den Namen Ritalin hat sicher schon jeder gehört, der sich mit ADHS beschäftigt. Aber was bewirkt das Medikament und wann wird es eingesetzt? Hat es Nebenwirkungen? Diese und andere Fragen will ich hier kurz und knackig beantworten.

Was ist Ritalin?
Ritalin ist der Handelsname für ein Medikament, das am häufigsten bei ADHS verschrieben wird. Der Wirkstoff ist Methylphenidat. Weitere Medikamente, die auf Methylphenidat basieren, sind Medikinet oder Concerta. Es gibt noch weitere Medikamente, die andere Wirkstoffe enthalten. Diese kommen infrage, wenn Ritalin nicht vertragen oder wirksam ist.

Wann wird Ritalin verschrieben?
Ritalin verordnet der oder die Kinder- und Jugendpsychiater*in bei schwerer ADHS und wenn andere Therapien nicht ausreichend wirksam sind. In besonders schweren Fällen ist Ritalin die Voraussetzung dafür, dass ein Kind überhaupt in der Lage ist, an einer Psychotherapie oder einem Verhaltenstraining teilzunehmen.

Ritalin wird auch verschrieben bei ausgeprägten Schwierigkeiten des Sozialverhaltens – zum Beispiel, wenn bei einem intelligenten Kind wegen seines schwierigen Sozialverhaltens eine Umschulung in eine Förderschule droht, obwohl es den geistigen Anforderungen der Regelschule durchaus gewachsen wäre. Mithilfe des Medikaments kann sich das Kind sozial angemessener verhalten und weiterhin die Regelschule besuchen.

Die Gabe von Ritalin ohne eine begleitende Therapie wird nach deutschen und europäischen Leitlinien ausdrücklich nicht empfohlen.

Was soll Ritalin bewirken?

Ritalin soll den Leidensdruck des Kindes und seines Umfelds lindern, in dem es die Symptome von ADHS verringert. Durch die Gabe von Ritalin werden vor allem die Kernsymptome von ADHS – Emotionsregulation (Selbstkontrolle), Konzentration, Reizbarkeit und Impulsivität – beeinflusst. Ritalin wirkt nicht langfristig und muss deshalb regelmäßig eingenommen werden. Während der Wirkspanne sind die Kinder häufig weniger ablenkbar, können sich Dinge besser merken, ihr Schriftbild verbessert sich, sie sind oft ordentlicher, haben eine höhere Frustrationstoleranz und können ihre Handlungen besser planen. In vielen Fällen können die Kinder kurzfristig ihr vorhandenes Potenzial besser ausschöpfen, erfolgreicher lernen und sich sozial angepasster verhalten.

Was kann Ritalin nicht bewirken?

Wer eine sofortige Verbesserung der Symptome oder gar eine Steigerung der geistigen Leistung, also der Intelligenz, erwartet, wird enttäuscht sein. Außerdem sind die Verbesserungen nur bemerkbar, solange das Medikament eingenommen wird. ADHS kann durch Medikamentengabe nicht geheilt werden.

Wirkt Methylphenidat nicht wie erwartet, kann es hierfür verschiedene Gründe geben:

- Die Dosis ist zu niedrig oder zu hoch.
- Das Kind ist „Non-Responder“, spricht also auf das Medikament nicht an.
- ADHS ist nicht die Hauptursache der Symptome.
- Es liegt eine Fehldiagnose vor.

Welche Nachteile und Nebenwirkungen kann Ritalin haben?
Besonders während der Einstellungsphase kann es zu unangenehmen Nebenwirkungen kommen. Am häufigsten sind Appetitverlust und Schlafstörungen. Aber auch Übelkeit, Erbrechen, Kopf- und Bauchschmerzen kommen vor. Deshalb ist es wichtig, dass dein Kind in kurzen Abständen ärztlich untersucht wird.

In der Einstellungsphase kann es bei Wirkzeitende zum sogenannten Rebound-Effekt kommen. Das bedeutet, dass die Symptome verstärkt auftreten. Wird Ritalin verschreibungsgemäß eingenommen, ist keine Abhängigkeit zu erwarten. Bei missbräuchlicher Verwendung gibt es durchaus ein Suchtrisiko.

Eine andere Sichtweise auf herausfordernde Kinder – ADHS als Chance

„ADHS-Kinder“ haben allgemein keinen guten Ruf: Sie seien Plagegeister, Nervensägen, Systemsprenger, die sich an keine Regel halten und sich und ihren Eltern das Leben schwer machen. Und natürlich leiden auch die Lehrer*innen und Mitschüler*innen unter dem Wirbelwind.

In Ratgebern zu ADHS lesen wir häufig, Kinder mit ADHS seien benachteiligt gegenüber den anderen, „normalen“ Kindern. Sie können sich einfach nicht konzentrieren, stören den Unterricht und kommen durch ihre Impulsivität in Schwierigkeiten. Wegen alldem erbringen sie nicht die Leistungen, zu denen sie fähig wären und können deshalb nicht erfolgreich sein.

Das alles hört sich fürchterlich an, und wir fragen uns, warum unser Kind nicht einfach ganz normal sein kann. Wir erwarten ja gar nicht viel – nur, dass unser Kind einfach glücklich ist und wir mal durchatmen können.

Es wird Zeit für eine neue Sichtweise auf energiegeladene Kinder!

GUT ZU WISSEN – „ADHS-KINDER“ SIND JÄGERKINDER

Der amerikanische Autor Thom Hartmann, Journalist und Vater von vier Kindern, hat das Bild von Kindern mit ADHS als Jäger in einer Welt von Bauern geprägt. Er sieht in ADHS eine genetische Besonderheit und keine Störung. Thom Hartmann und eines seiner Kinder hatten ADHS und er leitete eine Schule für Kinder und Jugendliche mit ADHS.

Ein Jägerkind hat es in unserer Gesellschaft der Bauern, die regelmäßig ihren Aufgaben nachgehen und vorausschauend handeln, nicht leicht. Natürlich leben die meisten von uns nicht mehr als Bauern. Aber unsere Industriegesellschaft verlangt immer noch nach Menschen, die funktionieren und verlässlich ihre Aufgaben erfüllen. Unsere Schulen breiten die Kinder auf das Leben als tüchtige Angestellte vor. Jägerkinder leiden in diesem Umfeld, weil es nicht ihrer natürlichen Art entspricht. Es kostet sie viel Energie, sich an die für sie unpassende Umgebung anzupassen.

Mit der folgenden Geschichte von Raphael zeige ich dir: Kinder mit ADHS können einen erfolgreichen – wenn auch eigenwilligen – Weg nehmen. Eine ADHS-Diagnose bedeutet nicht das Ende der Welt! Im Gegenteil, wenn du erkennst, welches Potenzial dein Kind besitzt, hat es alle Möglichkeiten, ein großartiger, erfolgreicher und glücklicher Mensch zu werden.

Raphael war von Geburt an ein empfindsames Kind, und er litt unter Allergien und Neurodermitis. Im Kindergarten war er beliebt, sehr aktiv, laut und eigenwillig. Als er vier Jahre alt war, kamen seine Eltern zum ersten Mal mit ADHS in Berührung: Bei einer Routineuntersuchung wollte Raphael sich von der Kinderärztin um keinen Preis untersuchen lassen. Schreiend flitzte er in der Praxis herum. Die Kinderärztin meinte, Raphael könnte ADHS haben. Das nahmen die Eltern damals nicht allzu ernst.

Etwas später: Auf dem Zeugnis der Grundschule standen erste Bemerkungen über Raphaels Verhalten. Er sei impulsiv, würde viel widersprechen und halte sich nicht an Regeln. Die Noten waren zum Glück gut. Im Gymnasium nahm Raphaels Schulkarriere an Fahrt auf, leider in die negative Richtung: Die Noten verschlechterten sich, er machte seine Hausaufgaben nicht mehr, und die Beschwerden der Lehrenden häuften sich. Der Beginn einer typischen ADHS-Karriere? Seine Eltern machten sich große Sorgen um seine Zukunft, und besonders seine Mutter hatte Schuldgefühle. Was hatte sie nur falsch gemacht? Gleichzeitig sahen beide Eltern die Stärken, die Raphael unverkennbar hatte: Er war beharrlich und erfolgreich bei dem, was ihn interessierte. (Leider waren das nicht die Schulaufgaben.) Warmherzig, charmant und humorvoll schloss er schnell Kontakte. Nachdem seine Eltern von Nachhilfe bis Therapie alles versucht hatten, überließen sie ihm das Ruder. Raphael verließ die Schule vor dem Abi und entschied sich für eine Ausbildung bei einer Bank. Mit 20 Jahren hatte er einen Berufsabschluss und hielt zusätzlich sein Abi in den Händen. (Das war möglich, weil die Ausbildungsjahre auf die Fachhochschulreife angerechnet wurden.) Raphael *wusste schon immer, was er wollte, und das zog er durch. Heute studiert er an einer Uni und verdient sich seinen Unterhalt selbst. Dass seine Geschichte einen so glücklichen Ausgang nehmen würde, hätte damals keiner geahnt. Weder seine Eltern noch die Lehrer*innen am Gymnasium.*

Kinder mit ADHS haben besondere Stärken

Eine ADHS-Diagnose kann uns erscheinen wie eine Einbahnstraße: „Mein Kind hat nun mal diese Probleme und damit muss man leben." Wenn wir so denken, schauen wir auf die Defizite und könnten leicht resignieren. Aber betrachten wir die Sache einmal durch eine andere Brille: Ja, dein Kind hat eine besondere Veranlagung, die sein Leben lang zu ihm gehören wird. Ja, einige seiner Persönlichkeitsmerkmale sind herausfordernd – und gleichzeitig sind es große Stärken und machen dein Kind einzigartig. ADHS als Chance!

Radikale Akzeptanz ist jetzt gefragt: Nimm dein Kind an, so wie es ist. Dieses Kind ist zu dir gekommen, weil du die Herausforderung annehmen kannst. „Schwierige" Kinder haben oft besonders feine Eltern, die gemeinsam mit ihrem Kind wachsen. Es geht nicht um Perfektion, sondern um Entwicklung.

GUT ZU WISSEN – DIE VERSCHIEDENEN TEMPERAMENTE

Bei meinen Forschungen bin ich auf eine Studie gestoßen, die mir die Augen geöffnet hat: Die beiden New Yorker Psychiater Stella Chess und Alexander Thomas, selbst Eltern von vier sehr verschiedenen Kindern, wollten wissen: Werden Kinder mit bestimmten Persönlichkeitsmerkmalen geboren oder kommen sie als unbeschriebenes Blatt auf die Welt? Ist die Erziehung allein dafür verantwortlich, wie ein Kind sich entwickelt? Dafür haben sie 133 Kinder über Jahrzehnte in allen möglichen Alltagssituationen beobachtet. Mit dem Ergebnis: Kinder kommen mit ausgeprägten Persönlichkeiten auf die Welt!

Sie erkannten neun Verhaltensweisen, die bei Kindern in unterschiedlicher Ausprägung vorkommen. Diese Merkmale machen das Temperament der einzelnen Kinder aus. Sie bestimmen, wie Kinder auf Reize reagieren, wie sie sich verhalten und wie sie sich ausdrücken.

Das kannst du vielleicht bestätigen – bestimmt hast auch du schon während der Schwangerschaft eine Ahnung davon bekommen, was für ein Energiebündel dein Kind sein wird?

Das Temperament eines Menschen bleibt über das Leben hinweg nahezu unveränderlich. Der Charakter wird sich durch Erfahrungen und Einflüsse formen und entwickeln. Deshalb möchte ich dir sagen, dass du großen Einfluss auf die Entwicklung deines Kindes hast!

Wir Eltern machen uns natürlich große Sorgen, wenn unser Kind den vorgezeichneten, üblichen Weg nicht gehen will. Das ist verständlich, denn wir können ja nicht wissen, ob sich der eingeschlagene, abenteuerliche Weg als der richtige erweist!

Ich hielt mich immer für aufgeschlossen gegenüber vielerlei Lebensentwürfen. Aber als zwei meiner Kinder darauf bestanden, das Abi nicht zu machen, musste ich sehr schlucken. Bei den Kindern anderer Leute hätte ich gesagt, dass das doch kein Problem sei, denn heutzutage könne jeder seinen Weg auch ohne Abitur oder Studium machen … Aber als es um meine Kinder ging, merkte ich, dass ich doch gewisse Vorstellungen über ihren Lebensweg im Kopf hatte. Diese Ideen musste ich schnell loslassen, weil meine Kinder mir zeigten, dass ich die Rechnung ohne den Wirt gemacht hatte. Alle haben Wege eingeschlagen, an die ich im Traum nicht gedacht hätte. Gut, dass sie sich nicht haben reinreden lassen!

Welche Stärken haben intensive Kinder?

Der impulsive Erjon war das Sorgenkind seiner Familie. Obwohl er ein helles Köpfchen war, ging es ab der siebten Klasse mit seinen Leistungen in der Schule steil bergab. Erjon hat sich schon als Teenager intensiv mit Finanz- und Wirtschaftsthemen beschäftigt, aber für die Schule brachte er wenig Interesse auf. In der elften Klasse verließ er dann das Gymnasium. Er wollte eine Ausbildung machen. Weil er im Vorstellungsgespräch überzeugen konnte, bekam er trotz der Fünf in Mathe einen Ausbildungsplatz bei einer Bank. Jetzt hat er einen Berufsabschluss und den Bachelor in Wirtschaft in der Tasche.

Die Stärken von Kindern mit ADHS sind nicht immer offensichtlich. Eher fallen ihre schwierigen Seiten auf. Viele intensive Kinder haben die leidvolle Erfahrung gemacht, dass sie so, wie sie sind, nicht richtig sind. Sie haben oft gehört, dass sie zu laut, zu wild, zu auffällig und überhaupt unmöglich seien. Über sie wird mit sorgenvoller Miene gesprochen und die Kinderärztin schüttelt bei der Untersuchung bedenklich den Kopf.

Das Kind hat natürlich längst mitbekommen, dass mit ihm etwas nicht stimmt. Steht erst mal das Thema ADHS im Raum, beginnt häufig eine Odyssee: Das Kind wird zur Kinderpsychologin, zur Ergotherapie, zur Lerntherapie und zum Verhaltenstraining gebracht.

Bitte verstehe mich nicht falsch! Es ist gut und wichtig, dem Kind zu helfen. Mir geht es darum, zu zeigen, dass es dem Kind allzu bewusst ist, dass es nicht wie die anderen Kinder ist. Und dieses Wissen macht etwas mit ihm: Es fühlt sich unsicher und zweifelt an sich selbst. Um diese tiefen Selbstzweifel zu vertuschen, verhält es sich schüchtern und vorsichtig oder tritt im Gegenteil großspurig auf. Das kostet das

Kind dermaßen viel Energie, dass es nicht zeigen kann, was alles in ihm steckt.

Übung: Schwächen in Stärken verwandeln
Schritt 1: Nimm dir ein Blatt Papier und schreibe alle Wörter auf, die dir zu deinem Kind in den Sinn kommen, wenn es einen schlechten Tag hat. Schreibe sie untereinander auf die linke Seite des Blattes. Zensiere dich dabei nicht. Schreibe auch Begriffe auf, die du eigentlich nicht denken willst.

So könnte deine Liste aussehen:
Mein Kind ist ...
- trotzig
- grob
- laut
- aggressiv
- streitlustig
- anstrengend
- unflexibel
- völlig verrückt
- dickköpfig

Schritt 2: Gehe deine Liste langsam durch und spüre bei jedem Wort in dich hinein. Welche Gefühle zeigen sich und welche körperlichen Empfindungen nimmst du dabei wahr? Es ist ganz natürlich, wenn du dich traurig fühlst.

Schritt 3: Welche positive Eigenschaft steckt hinter dem Verhalten deines Kindes? Suche für jeden negativen Begriff auf deiner Liste etwas Positives. Schreibe den neuen positiven Begriff auf die andere Seite.

Mein Kind ist ...

negativ	wird zu ...	positiv
trotzig	→	weiß, was es will
grob	→	ehrlich
laut	→	voller Eifer
aggressiv	→	durchsetzungsfähig
streitlustig	→	sucht die Wahrheit
anstrengend	→	leidenschaftlich
unflexibel	→	ausdauernd
völlig verrückt	→	kreativ
dickköpfig	→	zielorientiert

Gehe die neuen, positiven Beschreibungen für das Verhalten deines Kindes durch. Spüre hinein, wie sich jedes Wort anfühlt. Achte dabei auch auf deine Körperempfindungen: deinen Atem, Gefühle im Brustkorb, im Kopf, Wärmeempfindungen.

Hast du die Übung gemacht? Wie geht es dir jetzt? Viel besser und hoffnungsvoller? Das habe ich mir gedacht, denn ein positives Bild verschafft positive Gefühle! Das geschieht sogar auf körperlicher Ebene: Die Herzfrequenz verlangsamt und der Blutdruck normalisiert sich. Wir sind nicht mehr im Kampfmodus und können die Situation neutral wahrnehmen. Auf einmal können wir erkennen, dass uns unser Kind nicht provozieren oder absichtlich ärgern wollte. Nun sind wir in der Lage, klar zu denken. Und wir können hören, was uns unser Kind mitteilen möchte und gemeinsam Lösungen finden.

Beim ADHS-Elterncoaching begann Carolin, Mama des achtjährigen Pauls, zu weinen. Ihr wurde bewusst, dass sie über ihren Sohn, den sie so sehr liebt, oft ziemlich negativ denkt. Manchmal rutschten ihr böse Worte heraus. Wie Paul sich fühlen musste, wurde ihr jetzt bei dieser Übung bewusst. Das wollte sie nicht!

So wie Carolin geht es den meisten Müttern und Vätern. Sie fühlte sich durch ihren Sohn provoziert, wollte sich nicht alles bieten lassen und fährt ihn an. Das passiert fast automatisch: Auf der einen Seite denken wir, dass wir unser Kind erziehen und es in seine Schranken weisen müssen. Gleichzeitig verspüren wir Wut, Angst oder Enttäuschung. All dies vermischt sich und unsere Reaktion fällt hefiger aus, als wir es wollen. Am Schluss sind alle unglücklich, du und dein Kind.

Wie können wir es besser machen? Zum Glück gibt es Sichtweisen auf dein Kind, die ihm wirklich würdig sind. Wir wandeln die vermeintlichen Schwächen in Stärken um.

WELCHE DIESER STÄRKEN HAT DEIN KIND?

In dieser Tabelle sind typische Stärken aufgelistet, die Kinder mit ADHS häufig haben. Erkennst du dein Kind darin wieder?

Hyperfokus	Fähigkeit zum „Flow“, erhöhte Konzentrationsfähigkeit
Hochsensibilität	hohe Sinnes- und Wahrnehmungsfähigkeit
Emotionalität	ausgeprägte Empathie
Verhandlungsgeschick	später im Berufsleben gute Verhandlungsfertigkeiten im geschäftlichen und alltäglichen Umfeld
Fürsorglichkeit	ausgeprägtes Mitgefühl sowie Bedürfnis zu helfen
Kreativität	künstlerische Begabung
Aufgeschlossenheit	fühlt sich nicht an Normen gebunden, geht neue Wege
Durchsetzungsvermögen	führungsstark
Risikobereitschaft	Mut und keine Angst vor unkonventionellen Wegen

ADHS – eine Begabung?

ADHS soll eine Begabung sein? Das klingt im ersten Moment provokant, denn normalerweise wird ADHS als Störung oder gar Krankheit betrachtet. Aber ist diese ungewohnte Sichtweise wirklich so abwegig? Wie wir gesehen haben, steckt hinter beinahe jeder Schwäche eine Stärke. Es kommt auf die Brille an, mit der wir auf unser Kind schauen. Keine Frage, gleichzeitig kommt mit dem intensiven Temperament eine besondere Herausforderung auf uns zu. Um unsere Kinder an den Klippen, die unvermeidlich auf sie warten, vorbeizulotsen, müssen wir uns warm anziehen.

An der Berliner Charité wurde eine einzigartige Studie durchgeführt, bei der fast 2000 Eltern über ihre von ADHS betroffenen Kinder befragt wurden. In dieser Studie wurden – und das ist das Besondere – nicht nur Probleme und negative Symptome, sondern auch Stärken und besondere Fähigkeiten der betroffenen Kinder erfasst.

Als häufigste positive Eigenschaften ihrer Kinder mit ADHS haben die Eltern angekreuzt: sensibel, neugierig, ausgeprägter Gerechtigkeitssinn, fantasievoll. Außerdem haben Eltern weitere Stärken ihrer Kinder angegeben: Empathie, seismografische Antennen, offen und ehrlich, großherzig und besonders tierlieb.

Der ADHS-Experte Gerhard Spitzer sagt über Kinder mit ADHS:

„Das ‚vorlaute Plappermaul‘ weist eine Menge sprachliche Eloquenz auf, ‚chaotische Planlosigkeit‘ zeigt die Fähigkeit zu intuitivem Handeln und die ‚Zappeligkeit‘ ist ein Tatendrang, der richtig genutzt eine hohe Einsatzbereitschaft und durchaus auch erstaunliches Durchhaltevermögen nach sich ziehen kann. (…) Wenn Eltern ihr Kind genau beobachten, seine spezifische künstlerische Begabung erkennen und entsprechend fördern können, bestehen größte Chancen, dem Kind zu

verbesserter Aufmerksamkeit und mehr innerer Ruhe zu verhelfen und damit seinen Leidensdruck zu verringern (...) Es muss auch klar sein, dass es zwar von Vorteil ist, die positiven Seiten von ADHS zu kennen, aber dass es für jeden einzelnen Betroffenen wie auch für die Bezugspersonen viel Arbeit bedeutet, diese auch nutzen zu lernen. Doch ab und zu kann es einfach hilfreich sein, den Blickwinkel zu ändern, um zu sehen, was für ein wundervoller und interessanter Mensch hinter einem Zappelphilipp oder auch einem Hans Guck-in-die-Luft steckt."

Genau das sind auch meine Erfahrungen aus der Arbeit mit intensiven Kindern. Es lohnt sich also unbedingt, nach den Schätzen in diesen wundervollen Kindern zu suchen. Die Kinder bringen alles mit, was es für einen erfolgreichen und oft außergewöhnlichen Weg ins Leben braucht: viel Energie, Ausdauer, Eigensinn, Optimismus, Stehaufmännchen-Mentalität und vieles mehr.

DIE BASIS FÜR EINEN ENTSPANNTEREN ALLTAG MIT ADHS

Das Beste, was du für dein Kind und dich tun kannst, ist, eine tragfähige Beziehung zu schaffen. Denn dann wird Erziehung nahezu überflüssig. Eine liebevolle Beziehung ist wichtig für alle Kinder, aber Kinder mit ADHS brauchen Nähe und Verständnis ganz besonders. Denn durch ihr „Anderssein" haben sie schon viel Kritik einstecken müssen. Das Selbstwertgefühl von intensiven und temperamentvollen Kindern ist oft so angeschlagen, dass sie misstrauisch geworden sind und selbst ihre Eltern kaum noch an sich heranlassen. Aber wenn dein Kind spürt, dass du es verstehst und es annimmst, so wie es ist, wird es sich öffnen. Ihr könnt wieder miteinander reden, und dann kannst du dein Kind erreichen. Dann wird Veränderung zum Positiven möglich.

Was braucht dein Kind, um glücklich zu sein?

Im vorherigen Kapitel hast du eine Menge über Merkmale gelesen, die ein Kind mit ADHS, ein gefühlsstarkes oder ein temperamentvolles Kind ausmachen. Bestimmt hast du beim Lesen einige Male genickt und gedacht: „Ja, genau so ist es. So verhält sich mein Kind!" Und wahrscheinlich hast du dich schon etwas erleichtert gefühlt, weil du jetzt weißt, dass dein Kind ganz normal ist und von einigen Persönlichkeitsmerkmalen einfach mehr hat.

BLOSS NICHT PERFEKT

Das Beste, was du für dein Kind tun kannst: Zeige ihm deine Liebe und biete ihm einen sicheren Hafen, einen Ort, an dem es sich geborgen und sicher fühlt. Dabei ist nicht Perfektion gefragt, sondern lebendiges Miteinander. An manchen Tagen strahlt ihr um die Wette. Und dann gibt es diese Tage, an denen es stürmt und auch mal laute Worte fallen oder Türen knallen. Das ist gelebtes Leben: Ebbe und Flut, Sonnenschein und drei Tage Regenwetter.

Erlaube dir Fehler und versuche bloß nicht, alles richtig machen zu wollen. Diese entspannte Haltung tut auch deinem Kind gut. So erlebt es, dass es auch Fehler machen darf und dass Fehler zum Leben gehören.

Um dein Kind noch besser kennenzulernen, mache den Test und finde heraus, in welchen Bereichen seiner Persönlichkeit es hohe Werte erzielt. Das Wissen hilft dir, in vielen Situationen des Alltags dein Kind besser zu verstehen und es gezielt zu unterstützen.

Test: Wie temperamentvoll und intensiv ist dein Kind?

Unser Temperament wird uns von der Natur mitgegeben und ist ein nahezu unveränderlicher Bestandteil unserer Persönlichkeit. Deshalb ist es so wertvoll zu wissen, wie unser Kind in verschiedenen Bereichen seiner Persönlichkeit veranlagt ist.

Schätze das Verhalten deines Kindes in den einzelnen Bereichen auf einer Skala von 1 bis 5 ein. Am Anfang und am Ende der Skalen sind die beiden Extreme formuliert, zwischen denen sich dein Kind bewegen kann. Wo würdest du dein Kind einordnen?

Intensität	**Wie intensiv drückt dein Kind seine Gefühle aus?**					
	1	2	3	4	5	
Jammert, wenn es frustriert ist.						Schreit und tobt, wenn es frustriert ist.
Immer zufrieden.						Himmelhochjauchzend, zu Tode betrübt.
Zurückhaltend.						Zeigt seine Gefühle extrem.
Lächelt, wenn es sich freut.						Enthusiastisch, total begeistert.
Macht auch bei Misserfolgen unverdrossen weiter.						Wird wütend, rastet total aus.
Wahrnehmungsfähigkeit	**In welchem Maße lässt sich dein Kind von Vorgängen in seiner Umgebung ablenken?**					
	1	2	3	4	5	
Lässt sich von Vorgängen in seiner Umgebung kaum beeindrucken.						Reagiert auf kleinste Veränderungen. Nimmt Dinge wahr, die andere nicht bemerken.

Sensibilität	**Wie stark reagiert dein Kind auf innere und äußere Reize?**					
	1	2	3	4	5	
Kann in einer unruhigen Umgebung schlafen.						Schon leise Geräusche wecken es auf.
Unkompliziert bei der Kleidung.						Sogar eine Naht in den Strümpfen irritiert es sehr.
Unkompliziert beim Essen. Isst fast alles.						Sehr wählerisch und verträgt manche Speisen nicht.
Lässt sich von den Emotionen anderer nicht anstecken.						Nimmt die Emotionen anderer sofort auf.
Stört sich nicht an normalen Gerüchen.						Extrem geruchsempfindlich bis hin zum Ekel.

Beharrlichkeit	**In welchem Maß hält dein Kind an seinen Ideen und Vorstellungen fest?**					
	1	2	3	4	5	
Unterbricht eine Tätigkeit bereitwillig.						Unterbricht eine Tätigkeit äußerst widerwillig.
Stellt sich leicht auf eine neue Situation ein.						Lässt sich von seiner eigenen Vorstellung nicht abbringen.
Ist nur kurz unzufrieden.						Ist stundenlang unzufrieden.
Gibt sich mit einem „Nein“ zufrieden.						Akzeptiert niemals ein „Nein“.

Energieniveau	**Ist dein Kind voller Energie, die es durch Bewegung abbauen muss, um sich wohl zu fühlen?**				
	1	2	3	4	5	
Bewegt sich kaum im Schlaf.	○	○	○	○	○	Bewegt sich viel im Schlaf, sehr unruhig.
Kann längere Zeit stillsitzen.	○	○	○	○	○	Ist ständig in Bewegung.
Fühlt sich wohl, auch wenn es einen Tag im Haus verbringt.	○	○	○	○	○	Braucht unbedingt körperliche Bewegung, um sich wohlzufühlen.
Anpassungs-fähigkeit	**Wie sehr benötigt dein Kind Routinen und Strukturen im Alltag?**					
	1	2	3	4	5	
Reagiert flexibel auf Veränderungen einer Routine.	○	○	○	○	○	Wird durch Abweichungen von einer Routine aus der Fassung gebracht.
Bleibt gelassen bei Überraschungen.	○	○	○	○	○	Reagiert bei Unerwartetem stark verunsichert.
Findet schnell in den Schlaf und wacht problemlos auf.	○	○	○	○	○	Schläft schwer ein und ist unleidlich beim Wach-werden.
Stellt sich leicht auf neue Situationen ein.	○	○	○	○	○	Braucht viel Zeit, um sich auf eine neue Situation einzustellen.

Regelmäßigkeit	**Wie regelmäßig sind die körperlichen Bedürfnisse deines Kindes?**					
	1	2	3	4	5	
Hat verlässliche Schlafenszeiten.	○	○	○	○	○	Hat keinen festen Schlafrhythmus.
Hat immer zu den gleichen Zeiten Appetit.	○	○	○	○	○	Der Hunger kommt ganz plötzlich, oder es vergisst zu essen.
Hat immer zu den gleichen Zeiten Stuhlgang.	○	○	○	○	○	Hat sehr unregelmäßig Stuhlgang.
Ablehnende Reaktion bei etwas Neuem	**Was ist die erste Reaktion, wenn dein Kind auf unbekannte Situationen oder Menschen trifft?**					
	1	2	3	4	5	
Ist sofort dabei.	○	○	○	○	○	Ist zurückhaltend, bevor es dabei ist.
Lernt durch Tun.	○	○	○	○	○	Lernt durch Beobachtung.
Ist offen gegenüber neuen Aktivitäten.	○	○	○	○	○	Ist zunächst unglücklich und öffnet sich langsam.
Kommt einer Aufforderung sofort nach.	○	○	○	○	○	Sagt immer erstmal „Nein“.

Zähle die Punkte zusammen und erhalte das Ergebnis:

Ruhiges, bedächtiges Kind: 29 bis 45

Aufgewecktes Kind: 46 bis 114

Intensives, temperamentvolles Kind: 115 bis 145 Punkte

Dieser Test ist natürlich nicht streng wissenschaftlich. Aber er gibt gute Anhaltspunkte für eine Einschätzung.

Achtung: Eine vollständige ADHS-Diagnose ersetzt der Test keinesfalls.

Das Temperament ist deinem Kind von der Natur gegeben und wird sich im Laufe seines Lebens nicht verändern. Nachdem du den Test gemacht hast, weißt du, in welchen Bereichen dein Kind intensiv, kritisch oder übervorsichtig reagiert.

Je besser es dir gelingt, das Wesen deines Kindes anzunehmen, desto leichter wird es dir fallen, ihm alle Unterstützung zu geben, die es braucht, um sich in seiner Haut wohlzufühlen und erfolgreich zu sein.

SO BEREITEST DU DEIN KIND AUF NEUES VOR

Du kannst die Bedürfnisse deines Kindes verstehen und es beruhigen, wenn es sich sehr aufregt oder ihm Mut machen, wenn es sich nicht traut, etwas Neues auszuprobieren. Wenn du zum Beispiel weißt, dass dein Kind immer eine ablehnende Reaktion bei neuen Situationen zeigt, kannst du es in Zukunft auf diese Situationen vorbereiten: Ihr wollt in den Urlaub fahren und dein Kind tut sich schwer damit, für eine längere Zeit weg von zu Hause zu sein? Um deinem Kind den Abschied zu erleichtern, schaut euch einige Wochen vor der Abreise Reiseführer oder Fotos und Videos im Internet von eurem Urlaubsziel an. Dann kann sich dein Kind auf die neue Umgebung einstimmen.

Kinder brauchen Begleitung, keine Erziehung

In Kindern steckt alles, was sie zum Leben brauchen. Es ist nicht nötig, sie in eine bestimmte Richtung ziehen zu wollen. Jedes Kind will lernen, sich entwickeln und kooperieren. Wenn wir sie auf ihrem Weg begleiten und feinfühlig unterstützen, ist das Wesentliche getan.

Erinnerst du dich an den Moment, als du deinem Kind gleich nach der Geburt zum ersten Mal in die Augen geschaut hast? War da nicht dieses tiefe Wissen in dir, dass du ein einzigartiges Wesen in den Armen hältst? Einen winzigen Menschen mit wundervollen Möglichkeiten? In diesem Moment denken wir nicht darüber nach, was aus unserem Kind einmal wird, ob es eine erfolgreiche Unternehmerin, ein mutiger Jurist oder eine vielseitige Künstlerin wird. Das alles spielte keine Rolle. Wir haben unserem Kind gewünscht, dass es sein Glück findet und seinen eigenen Weg geht – wie auch immer der aussieht.

Finde zu dieser Haltung zurück; zum tiefen Wissen, dass dein Kind seinen Weg gehen wird. Traue deinem Kind zu, dass es das kann. Und vertraue dir, dass du die beste Mama oder der beste Papa bist, die oder der dieses Kind ins Leben begleiten kann.

Dein Kind blüht auf, wenn du Vertrauen in sein Potenzial hast und aufhörst, es in eine bestimmte Richtung ziehen zu wollen. Das ist ein Befreiungsschlag für euch beide: Plötzlich werden ungeahnte Kräfte frei. Endlich kann dein Kind sich entfalten und auch du wirst frei, denn eure Verstrickungen haben sich gelöst.

So wird dein Kind selbstbewusst

Die vierjährige Jule interessiert sich für Musik. Sie singt die Stücke, die ihr großer Bruder auf dem Klavier spielt, mit Leichtigkeit nach. Nun will sie auch unbedingt ein Instrument lernen. In der Musikschule hat sie erlebt, wie ein Mädchen Geige spielte. Das will sie auch. Die Eltern nehmen ihren Wunsch ernst und melden sie zur Probestunde an. Jule ist begeistert und verliebt sich sofort in das kleine Instrument. Es fällt ihr leicht, sich auf die Übungen zu konzentrieren, und deshalb macht sie schnelle Fortschritte. Ihr Erfolg macht sie zu Recht stolz. Sie kann Geige spielen!

Kinder sind von Natur aus selbstbewusst. Sie sind präsent in jedem Moment, sie sind sich ihrer selbst bewusst im wahrsten Sinne des Wortes. Sie denken nicht darüber nach, was gestern war und was morgen sein wird, noch machen sie sich Gedanken darüber, wie sie auf andere wirken. Sie verstellen sich nicht, sie sind authentisch und echt. Für neue Erfahrungen öffnen sie sich mit ihrer ganzen Aufmerksamkeit und nehmen Informationen mit allen Sinnen auf. Das ist die beste Voraussetzung für das Lernen. Wenn wir Erwachsenen unser Kind aufmerksam beobachten, erkennen wir leicht, was gerade dran ist in seiner Entwicklung: Dann können wir unserem Kind das Futter zum Lernen anbieten.

Oft haben Eltern Sorge, ihre Kinder zu überfordern. Manchmal passiert dann genau das Gegenteil und das Kind ist unterfordert. Gerade bei temperamentvollen Kindern sollten wir aufpassen, dass unser Kind nicht unterfordert ist. Diese Kinder brauchen eine ganze Menge Futter, um sich in ihrem Element zu fühlen. In beiden Fällen wird das Kind zeigen, wenn es unter- oder überfordert ist. Entweder es langweilt sich, es spielt den Clown oder murrt herum.

Wenn wir die Interessen unserer Kleinen fördern, können sie sich gemäß ihrer natürlichen Anlagen entfalten. So erfahren sie, dass Lernen Spaß macht und dass sie erfolgreich sein können. Dieses gute Gefühl, selbstwirksam zu sein, übertragen sie dann auf andere Bereiche. Es müssen natürlich nicht Musik- oder Ballettstunden sein, wenn wir unser Kind fördern wollen. Es ist ausreichend, wenn wir ihnen eine anregende Umgebung bieten. Kinder lernen alles, was sie zum Leben brauchen, im Alltag. Ganz spielerisch und nebenher.

NIMM DIE STÄRKEN DEINES KINDS WAHR – UND ZWAR GANZ BEWUSST

Das Negative nehmen wir naturgemäß viel stärker wahr als das Positive. Das liegt wohl in unserer Evolution begründet: Wenn in der Steinzeit Gefahr im Verzug war, mussten wir sie blitzschnell wahrnehmen und darauf reagieren.

Es ist also ganz natürlich, wenn du dich öfter über dein Kind aufregst. Da Kinder mit ADHS allerdings unsere Geduld häufig auf die Probe stellen, kann es passieren, dass wir in einer Schleife von negativen Gedanken hängen bleiben und das viele Positive an unserem Kind nicht mehr wahrnehmen. Das ist gefährlich, denn es kann die Beziehung zu unserem Kind vergiften.

Aber es gibt einen Weg da raus: Immer, wenn du etwas Negatives über dein Kind denkst, versuche das Positive darin zu sehen.

Schreibe mindestens zehn Eigenschaften, die dich an deinem Kind ärgern untereinander auf ein Blatt Papier. Dann schreibst du die positive Sichtweise daneben.
Beispiel: „Mein Kind ist aggressiv“ wird zu „Mein Kind ist durchsetzungsstark“.

Wenn du fertig bist, gehe die Satzpaare noch einmal durch und spüre bei jedem Satz in dich hinein. Merkst du, wie sich die positive Sichtweise ganz anders anfühlt? Mehr Infos dazu findest du im Kapitel „Eine andere Sichtweise auf herausfordernde Kinder – ADHS als Chance“.

Was brauchst du, um glücklich zu sein?

Jetzt geht es endlich nur um dich und deine Bedürfnisse! Ein temperamentvolles Kind beim Großwerden zu begleiten, ist eine anspruchsvolle Aufgabe, die man nicht mit der Erziehung eines „normalen“ Kindes vergleichen kann. Denn du bist nicht nur konfrontiert mit ständigen intensiven Gefühlsausbrüchen, andauerndem Widerspruch und nie enden wollenden Diskussionen wegen Kleinigkeiten, obendrein musst du dir auch noch kluge Ratschläge und Vorwürfe von anderen Menschen anhören. Das wäre selbst der erfahrensten und geduldigsten Mutter zu viel. Deshalb sollen nicht nur die Bedürfnisse deines Kindes, sondern auch deine Bedürfnisse den Raum einnehmen, den sie verdienen.

Du und dein Kind: Keine fruchtlosen Kämpfe mehr, sondern ein prima Team, in dem ihr beide an einem Strang zieht! Damit das klappt, musst du nicht nur das Temperament deines Kindes, sondern auch dein eigenes Temperament kennen. Denn nicht alle Persönlichkeitsmerkmale harmonieren miteinander. Wenn du und dein Kind immer wieder aneinander hochgeht, kann das daran liegen, dass ihr die Welt einfach mit anderen Augen seht. Da ist es gut, über mögliche Reibungspunkte Bescheid zu wissen.

Test: Dein eigenes Temperament

Nicht nur das Temperament deines Kindes hat einen Einfluss darauf, wie harmonisch euer Zusammenleben ist, sondern genauso deine Reaktionen auf dein Kind. Je besser du dein eigenes Temperament kennst, desto bewusster kannst du dich auf dein Kind einstellen. Dafür habe ich auch für dich einen Test zusammengestellt. Es gibt kein Falsch und kein Richtig, nur Unterschiede. Alle Merkmale haben ihre Berechtigung.

Schätze deine Reaktionen in den einzelnen Bereichen auf einer Skala von 1 bis 5 ein.

Intensität	**Wie intensiv drückst du deine Gefühle aus? Reagierst du sehr emotional oder eher zurückhaltend?**					
	1	**2**	**3**	**4**	**5**	
Ich reagiere zurückhaltend.						Ich zeige meine Gefühle extrem.
Sensibilität	**Wie stark nimmst du Reize aus der Umgebung wahr? Reagierst du leicht auf Geräusche, Gerüche, Nahrungsmittel, unbequeme Kleidung?**					
	1	**2**	**3**	**4**	**5**	
Ich bin nicht empfindlich.						Ich reagiere sehr stark.
Beharrlichkeit	**Wie sehr macht es dir etwas aus, während einer Beschäftigung unterbrochen zu werden? Gibst du bei frustrierenden Aufgaben leicht auf oder beißt du dich durch?**					
	1	**2**	**3**	**4**	**5**	
Ich lasse mich leicht von meinen Vorhaben abhalten.						Ich bin hartnäckig und bleibe dran.
Energieniveau	**Bist du immer beschäftigt und in Bewegung? Brauchst du körperliche Bewegung, um dich wohlzufühlen?**					
	1	**2**	**3**	**4**	**5**	
Ich fühle mich auch wohl, wenn ich nichts tue.						Ich fühle mich nur wohl, wenn ich etwas zu tun habe. Ich brauche Bewegung.

Anpassungsfähigkeit	**Wie sehr benötigst du Routinen und Strukturen im Alltag?**					
	1	2	3	4	5	
Ich stelle mich schnell um.	○	○	○	○	○	Ich stelle mich langsam um.
Regelmäßigkeit	**Wie regelmäßig sind deine Essens- und Schlafenszeiten?**					
	1	2	3	4	5	
Man könnte die Uhr danach stellen.	○	○	○	○	○	Immer wieder anders.
Ablehnende erste Reaktion	**Wie reagierst du normalerweise auf Neues?**					
	1	2	3	4	5	
Ich bin sofort dabei.	○	○	○	○	○	Ich bin anfangs abwartend.

Wenn du deine und die Ergebnisse von deinem Kind miteinander vergleichst, was fällt dir auf? Habt ihr vielleicht sogar ein ähnliches Temperament? Bist auch du intensiv, aufbrausend, sensibel und beharrlich? Oder vielleicht bist du ein ruhiger, umgänglicher und ausgeglichener Typ? Vielleicht seid ihr euch in einigen Bereichen ähnlich und in anderen das genaue Gegenteil. In jedem Fall wird es Reibungspunkte und Konfliktpotenzial geben.

Seid ihr beide aufbrausend, intensiv und beharrlich, wird es manches Mal hochhergehen bei euch. Das ist beinahe unvermeidlich. Aber mit dem Wissen über eure Temperamente kannst du in Zukunft viel öfter brisante Situationen entschärfen.

Ist dein Kind intensiv und du ruhig und umgänglich, wird es dir sicher leichter fallen, besonnen auf das Verhalten deines Wirbelwindes zu reagieren. Aber vielleicht fällt es dir schwerer, dich in dein Kind hineinzuversetzen.

Jetzt weißt du über dein Temperament und über das deines Kindes Bescheid. Nun könnt ihr bestmöglich zusammenarbeiten. Akzeptiere die natürliche Veranlagung deines Kindes genauso wie deine eigene. Keine Veranlagung ist besser oder schlechter. Es gibt nur Unterschiede.

Es ist nicht entscheidend, ob du als Mama oder Papa lebhaft oder ruhig bist. Wichtig ist, dass du erkennst, wo ihr ähnlich oder unterschiedlich seid und wo Sprengstoff versteckt ist. Was lässt dich explodieren? Wann fällt es dir schwer, dich in dein Kind hineinzuversetzen? Wenn du das weißt, kannst du wirksamer handeln.

Als Mama oder Papa bist du in der führenden Rolle. Du zeigst deinem Kind den Weg und leitest es an. Jetzt, wo du Bescheid weißt, wie ihr beide in unterschiedlichen Situationen reagiert, bist du in der Lage, dein Kind um manche Klippe zu lotsen und in heiklen Situationen den Wind aus den Segeln zu nehmen. Und du weißt, wo ihr perfekt zusammenpasst und wo es explosiv werden könnte. Diese Momente kannst du in Zukunft im Vorfeld entschärfen. Mit diesem Wissen gelingt es dir, eine tiefe und lebendige Beziehung zu deinem lebhaften Kind aufzubauen.

SO BAUST DU EINE TOLLE BEZIEHUNG ZU DEINEM KIND AUF

Biete deinem Kind einen sicheren Hafen, indem du es annimmst, so wie es ist. Mit all seinen Schwächen und Stärken.

Sei klar in deinen Erwartungen und konsequent, wenn dein Kind gegen Regeln verstößt. Denn dies vermittelt deinem Kind Sicherheit.

Erlebe jeden Tag schöne Momente mit deinem Kind.

Macht es euch gemütlich, lest zusammen ein Buch oder seid gemeinsam tätig: Basteln, Kochen, Gartenarbeit ... was immer euch Freude macht. Plane diese Zeit unbedingt fest in den Tagesablauf ein!

Wenn du selbst intensiv bist

Es wäre nicht verwunderlich, wenn du als Mama oder Papa von einem intensiven Kind selbst auch intensiv und gefühlsstark bist. Denn die Veranlagung zu ADHS wird über die Gene weitergegeben. Hinzu kommt, dass sich Kinder eine Menge von ihren Eltern abschauen.

Je besser du dich selbst kennst, desto leichter kannst du dich in dein Kind einfühlen und es unterstützen. Es wird dir besser gelingen, das Anderssein deines Kindes zu akzeptieren und sogar stolz darauf zu sein.

Vielleicht klingt es für dich esoterisch, aber ich bin davon überzeugt, dass sich Kinder ihre Eltern aussuchen. Die herausfordernden Kinder finden also zu Eltern, die diese anspruchsvolle Aufgabe meistern können. Ich gehe sogar so weit zu sagen, dass die „schwierigen" Kinder eine besondere Aufgabe im Leben haben. Nicht ohne Grund sind sie eigenwillig, haben den Mut und die Kraft, ihren eigenen Weg zu verfolgen. Sie schwimmen gegen den Strom und werden dadurch unfreiwillig zu Außenseitern. Dennoch lassen sich diese starken Kinder nicht unterkriegen. Auch Strafen halten sie kaum davon ab, ihren Willen durchzusetzen.

Vielleicht hast du dich wiedererkannt in den Besonderheiten der intensiven Kinder, ihre Stärken und Schwächen. Mir ging es so, als ich vor vielen Jahren bei einem Vortrag über ADHS war: Es war, als hätte die Referentin nicht nur meine Kinder beschrieben, auch ich erkannte mich mit meinen Schwächen und Stärken sofort wieder. Das war eine einschneidende Erfahrung. Endlich wurde mir vieles klar – mein bunter Lebensweg, die unglückliche Schulzeit, aber auch meine Erfolge.

Nachdem ich diese Erkenntnisse verdaut hatte, fühlte ich mich gestärkt. Denn die wichtigste Voraussetzung für ein erfülltes Leben ist, dass ich schonungslos meine Schwächen und Stärken anschaue und annehme. Dadurch werden ungeahnte Energien frei und erst dann kann ich mich voll und ganz ins Leben einbringen.

Bist du bereit, dich auf die Reise zu mehr Selbsterkenntnis einzulassen? Auf geht's!

Wie warst du als Kind?

Kannst du dich noch daran erinnern, wie du als Kind warst? Vielleicht kommen dir Situationen in den Sinn, in denen du dich genauso verhalten hast wie heute dein Kind. Nimm dir Zeit, hole die alten Fotoalben aus deiner Kindheit heraus. Wenn du die Fotos betrachtest, stelle dir Fragen wie diese:

- Wirkst du glücklich und unbeschwert?
- Machst du einen ruhigen oder sehr lebhaften Eindruck?
- Wie ist deine Stellung bei Familienfotos? Bist du eingebunden in die Gruppe oder stehst du am Rand?
- Wie hast du Familienurlaube erlebt?

- Und Familienfeiern wie Weihnachten und Geburtstage?
- Wenn du Geschwister hast, wie war euer Verhältnis zueinander?
- Schau deine Eltern an. Haben sie oft geschimpft oder haben sich Sorgen gemacht?

Wie hast du deine Schulzeit erlebt?

- Konntest du sie problemlos durchlaufen oder warst du heilfroh, als du endlich deinen Schulabschluss in der Tasche hattest?
- Schwankten deine Leistungen und entsprachen nicht deinen Fähigkeiten?
- Hast du dich in der Klasse eher als Außenseiter*in gefühlt, wie von einem anderen Stern?
- Wollten die Schultage nicht enden und der Schulstoff langweilte dich? Die Hausaufgaben empfandst du als lästige Pflicht?
- Warst du ein kritischer Geist und hast deine Lehrer*innen mit schwierigen Fragen in Verlegenheit gebracht?

Wer bist du heute?

- Magst du Routinen oder langweilen sie dich eher?
- Gehst du strukturiert an deine Aufgaben heran oder intuitiv im Flow?
- Suchst du Sicherheit oder gleitest du lässig durchs Leben?
- Bist du zufrieden und erfüllt in deinem Beruf? Oder sichert er dir vor allem dein Auskommen?
- Gelingt es dir, deine Stärken voll einzubringen? Oder hältst du dich mit deinen Ideen und Lösungen zurück, weil sie dir zu gewagt und innovativ erscheinen?
- Reagierst du manchmal impulsiv?
- Bist du ein eher emotionaler Mensch?
- Diplomatisches Verhalten liegt dir weniger, dafür hast du einen großen Gerechtigkeitssinn und sprichst aus, was gesagt werden muss?

Selbstfürsorge steht an erster Stelle – Übungen für mehr Kraft

„Selbstfürsorge? Ich habe mir dieses Buch gekauft, weil ich wissen will, wie ich mit meinem herausfordernden Kind umgehen kann. Von mehr Zeit für mich kann ich nur träumen!“ Vielleicht gehen dir gerade diese Gedanken durch den Kopf. Ich kann dich gut verstehen: Als Mama oder Papa mit einem „ADHS-Kind“ wissen wir oft nicht, wo uns der Kopf steht, deshalb suchen wir vor allem schnelle Hilfe. Dennoch bitte ich dich um ein wenig Geduld. Denn du bist der wichtigste Mensch in deinem und im Leben deines Kindes. Ein „ADHS-Kind“ beim Großwerden zu begleiten, ist Schwerstarbeit und nicht zu vergleichen mit der Erziehung eines „normalen“ Kindes. Deshalb ist es so wichtig, dass du gut für dich sorgst, damit du bei Kräften zu bleibst.

Als Mama von vier Wirbelwinden ist mir bewusst, dass Zeit ein knappes Gut ist im Leben einer Mama (oder eines Papas). Umso mehr, wenn ein „ADHS-Kind“ oder sogar mehrere uns täglich an unsere Grenzen bringen. Deshalb habe ich kraftvolle Übungen aus der Hypnotherapie ausgesucht, die vielen Eltern geholfen haben und auch dich immer wieder schnell in deine Kraft bringen. Du kannst diese Übungen alleine ausführen, einige kannst du auf dein Smartphone aufsprechen oder eine Freundin bitten, sie dir vorzulesen.

Dein kraftvoller Ressourcenanker

Beim Ressourcenanker geht es um Augenblicke besonders positiver Erlebnisse deiner eigenen Lebensgeschichte. Durch die Erinnerung holst du die erlebten Emotionen auf allen Sinnesebenen (sehen, hören, fühlen, riechen, schmecken) in dein Bewusstsein. Auf dem Höhepunkt einer Emotion „verankerst“ du die positiven Wahrnehmungen – das Wohlgefühl – an einer Stelle deines Körpers. In zukünftigen stressbeladenen Situationen kannst du deinen Anker dann aktivieren und verfügst damit über die verankerten Ressourcen.

So geht's:

1. Erinnere dich spontan an eine Situation, in der du dich besonders gut gefühlt hast, zum Beispiel entspannt, begeistert, erfolgreich, mutig oder stark. Gehe ganz in die Situation hinein. Was siehst du? Was hörst du? Was fühlst du? Mache das Erleben noch stärker und gehe voll darin auf.
2. Wenn die positiven Gefühle am stärksten sind, berühre die Stelle, wo du den Anker setzen willst.
3. Jetzt denke an etwas anderes. Zum Beispiel: Was gibt es bei euch heute Mittag zu essen?
4. Nun denke noch einmal an eine andere Situation, in der du etwas Intensives gefühlt hast. Hast du die Situation? Was siehst du? Was hörst du? Was fühlst du? Mache das Erleben noch stärker und gehe voll darin auf und berühre deinen zukünftigen Anker.
5. So, und nun denke wieder an etwas Alltägliches. ... Wie ist das Wetter?
6. Jetzt suche noch eine dritte Situation, in der du etwas besonders positiv erlebt hast. Was siehst du? Was hörst du? Was fühlst du? Mache das Erleben noch stärker und gehe voll darin auf. Verstärke erneut deinen Anker, indem du die Stelle an deiner Hand oder deinem Bein berührst.

Teste deinen Anker:

1. Löse deinen Anker aus, indem du die Stelle berührst. Spürst du die positiven Emotionen und die Kraft, die davon ausgehen?
2. Denke an eine alltägliche Situation.
3. Stelle dir eine Situation in der Zukunft vor, in der du die Kraft des Ankers brauchen könntest. Aktiviere deinen Anker und spüre, wie sich die Situation mit der neuen Ressource verändert.

Damit der Anker wirksam bleibt, trainiere ihn regelmäßig. Also, wann immer du dich gestresst fühlst, aktiviere deinen Anker und spüre die Ressource, die dich durchströmt.

Die Wunderfrage

Die Wunderfrage hilft dir dabei, deine Wünsche und Ziele in Bezug auf dein Familienleben zu visualisieren und durch deine Vorstellungskraft mit allen Sinnen zu erleben.

So geht's:

Ziehe dich zurück an einen gemütlichen Ort, an dem du gut entspannen kannst. Vielleicht hast du eine Ecke zum Meditieren oder du setzt oder legst dich einfach auf dein Bett oder Sofa. Stelle sicher, dass du für die nächsten 20 Minuten ungestört bist. Bevor du beginnst, lies in Ruhe die ganze Übung durch, nimm sie auf dein Smartphone auf oder bitte jemanden, sie dir vorzulesen.

Wenn du bereit bist, stelle dir folgende Situation vor: Während du schläfst, kommt eine gute Fee und lässt ein Wunder geschehen. Dein größtes Problem ist gelöst! Woran merkst du, dass dein Problem gelöst ist?

Schließe deine Augen und gehe hinein in deine Wunschvorstellung. Erlebe sie mit allen Sinnen: Du wachst morgens auf und alles ist anders: Vor deinem inneren Auge siehst du das Licht in deinem Schlafzimmer. Du spürst die Temperatur: Ist es eher angenehm kühl oder kuschelig warm? Spüre hinein in deinen Körper: Wie tief geht dein Atem? Fühle deinen Herzschlag. Bist du ruhig und ausgeglichen oder tatkräftig erregt und erwartungsvoll?

Nun stelle dir vor, wie dein Tag verläuft, und zwar so, wie du dir es erträumst: Du stehst auf, weckst dein Kind und … Erlebe und genieße die neue, leichtere Situation ganz bewusst. Und komme dann langsam wieder im Hier und Jetzt an.

Wie war diese kleine Reise in die Welt deiner Vorstellungen? Wie fühlst du dich jetzt? Schon besser und zuversichtlicher?

Die gute Nachricht: Alles, was du dir wirklich – mit allen Sinnen – vorstellen kannst, kann wahr werden!

Den Tag mit Achtsamkeit beginnen

Wenn du morgens die Augen aufschlägst, bleibe eine kurze Weile in der Stille, bevor du bewusst fünf tiefe Atemzüge nimmst. Das ist deine Chance, mit dem Körper in Kontakt zu gehen. Solltest du müde, nervös, unglücklich oder irgendwie verstimmt sein, betrachte diese Gefühle und Gedanken als Ereignisse, die nur in deinem Kopf stattfinden, die sich in deinem Bewusstsein verdichten und dann wieder auflösen. Schau, ob du all deine Gedanken, Gefühle und Empfindungen auf behutsame, mitfühlende Weise akzeptieren kannst. Du brauchst keine Anstrengung zu unternehmen, um sie zu verändern. Wenn sie schon einmal da sind, nimm sie einfach, wie sie sind. Und wenn du nun schon den Autopiloten abgeschaltet hast, möchtest du dir vielleicht eine oder zwei Minuten Zeit nehmen, dich auf deinen Atem zu konzentrieren oder dich sanft zu strecken, bevor du aufstehst.

Innehalten

Während du gerade mit einer Aktivität beschäftigt bist – am Computer arbeiten, kochen, aufräumen, einkaufen ... – erlaube dir, diese Tätigkeit für einen Moment zu unterbrechen. Erlaube dir, einfach einen Moment zu pausieren. Lass deinen Atem einige Male tief ein- und langsam und vollständig ausströmen. Lass mit jedem Ausatmen Gedanken und Sorgen darüber, was als Nächstes passieren könnte, los. Löse auch Anspannungen in deinem Körper, so gut es geht. Spüre in dich hinein: Welche Körperempfindungen nimmst du wahr? Welche Gedanken und Gefühle tauchen auf? Nimm sie einfach wahr, bewerte nicht und lass in diesem Moment alles so sein, wie es gerade ist.

Achtsames Duschen

Als Mama oder Papa von einem herausfordernden Kind bist du sehr beschäftigt und hast wenig Zeit für dich selbst. Deshalb ist es besonders wichtig, alle Möglichkeiten zur Entspannung, die sich in deinem Alltag ganz natürlich anbieten, zu nutzen.

Für diese Übung benötigst du keine zusätzliche Zeit, denn du kannst sie ganz einfach in deinen Tag integrieren. Obwohl sie so einfach ist, kann sie einen sehr positiven Einfluss auf dein Körpergefühl haben.

So geht's:

Wenn du duschen willst, nimm dir vor, dass du dies ganz aufmerksam tun wirst und dass diese paar Minuten dir ganz alleine gehören.

Stelle das Wasser ganz bewusst an und regle die Temperatur so, dass sie dir angenehm ist. Dann konzentriere dich auf deine Füße und achte darauf, wie sie auf dem Boden deiner Dusche stehen. Wenn dann das Wasser über deine Haut rinnt, wie fühlt sich das an? Wie duftet die Seife oder das Shampoo? Nimm auch das Geräusch des fließenden Wassers wahr. Lass alle Sinne teilhaben. Wie fühlt sich das warme Wasser auf den einzelnen Körperteilen an? (Vielleicht gibt es Körperteile, die du nicht magst, dann lass sie zunächst aus und beziehe sie später mit ein, wenn es dir keine Mühe mehr macht.)

Am Schluss lass dir noch einen Moment Zeit für einige tiefe Atemzüge. In diesen paar Sekunden gibt es nichts anderes zu tun, als das Wasser auf deinem Körper zu spüren und zu atmen. Wenn störende Gedanken auftauchen und du kurz abgelenkt bist, ist das ganz normal und natürlich. Sie gehören einfach mit dazu. Sobald du merkst, dass du abschweifst, atme tief ein und aus und gehe mit deiner Aufmerksamkeit zurück zum Wasser auf deiner Haut und zu deinem Atem.

Dein Tagebuch angenehmer Erlebnisse

Nimm jeden Tag eine Situation, die dir guttut, ganz bewusst wahr, während sie geschieht. Schreibe die Erfahrung ganz detailliert auf:

- Welche Erfahrung hast du gemacht?
- Hast du das angenehme Gefühl der Erfahrung bemerkt, während sie geschah?
- Wie fühlte sich dein Körper an? Beschreibe alle Empfindungen.
- Welche Gedanken und Gefühle steigen jetzt während des Schreibens in dir auf?

Wenn du eine Zeit lang regelmäßig in dein Tagebuch geschrieben hast, fällt dir vielleicht auf, welche Tätigkeiten oder Situationen dich glücklich machen. Kannst du davon mehr in dein Leben bringen?

Schaffe dir deinen Freiraum

Auch Freiräume haben Begrenzungen. Deshalb können sinnvolle Grenzen mehr Freiheit bringen. Beim „Grenzen setzen“ schwingt der negative Beigeschmack mit, dass Kinder eingeschränkt würden und sich nicht frei entfalten könnten. Das kann passieren, wenn sie willkürlich und für das Kind nicht nachvollziehbar gesetzt werden. Die Grenzen, von denen ich spreche, setzen Eltern ganz bewusst, weil sie wissen, dass klare Linien ihren Kindern Sicherheit und Halt geben. Wie weit oder eng sie die Grenzen abstecken, hängt von den Kindern ab, ihrem Alter und ihren persönlichen Fähigkeiten.

Wenn Kinder keine verlässlichen Grenzen vorfinden, an denen sie sich orientieren können, werden sie haltlos. Das bemerken wir dann an ihrem Verhalten: Sie provozieren und fordern uns heraus, bis wir ihnen ein deutliches Stopp-Signal setzen.

Wenn du dir deinen Freiraum und den deines Kindes bildlich vorstellst, wird es dir leichter fallen, Grenzen zu setzen. Ein Raum hat Begrenzungen nach allen Seiten: vorn, hinten, rechts, links, oben, unten. Wie groß ist der Raum, den du dir zugestehst?

Gerade Frauen neigen dazu, sich klein und schmal zu machen, um nicht zu viel Platz einzunehmen. Diese Zeiten sind vorbei! Nimm den Raum ein, der dir zusteht, und du wirst dich wundern, wie andere dich auf einmal wahrnehmen und respektieren.

Der Raum, den ein Mensch mit ausgestreckten Armen nach allen Seiten erreichen kann, ist sein persönlicher Freiraum. Der Freiraum von einem Kind ist natürlich kleiner als der eines Erwachsenen.

Der Freiraum ist aber nur vorhanden, wenn wir ihn einnehmen. Das bedeutet, dass wir unseren Raum bewusst einnehmen und uns das auch erlauben. Dann steht uns der Raum zur Verfügung, und niemand wird es wagen, dort ungefragt einzudringen. Unsere Grenzen und unserer Freiheit sind auch für andere spürbar.

Übung: Nimm deinen Freiraum wahr
Stell dich so auf, dass du Platz hast, dich mit ausgestreckten Armen um die eigene Achse zu drehen. Drehe dich im Kreis und nimm den Raum wahr, den du mit ausgebreiteten Armen einnimmst. Dann strecke deine Arme nach oben und nach unten, so dass dein Raum nach allen Seiten begrenzt ist. Gleichzeitig sagst du: „Ich erlaube mir Freiraum. Das ist mein Bereich."

Mach diese Übung gemeinsam mit deinem Kind, damit ihr beide eure Freiräume und Grenzen spürt.

Wiederhole diese Übung mehrmals täglich einige Wochen lang. Führe sie von Herzen aus: Dein Freiraum ist dein Königreich. Dann wird sie bald ihre heilsame Wirkung entfalten.

Vielleicht fühlt sich der Freiraum am Anfang ungewohnt groß an, und der Abstand zu deinem Kind macht dich traurig? Du fühlst dich von ihm abgeschnitten und hast das Gefühl, es allein zu lassen? Wahrscheinlich spürst du aber auch, dass eine angenehme Weite, in der alle frei atmen können, die Enge abgelöst hat.

Du hast ab jetzt die Wahl, ob du weiterhin in der Enge – mitsamt der dazugehörigen Grenzüberschreitungen – verharren willst oder ob du dir und deinem Kind den jeweils eigenen Freiraum gewährst. Dein Kind kann deine Grenzen nur respektieren, wenn du dir deinen Freiraum zugestehst.

Der erste Schritt ist, dass du dich wichtig nimmst. Du bist ja nicht nur Mama/Papa, Partner*in und Berufstätige*r, sondern vor allem ein Mensch mit eigenen Bedürfnissen, Werten und Zielen. Aber spätestens, wenn das erste Kind da ist, geben wir unsere eigenständige Persönlichkeit ein Stück weit auf. Das ist verständlich, denn in den ersten Jahren fordert uns unser Kind rund um die Uhr. Aber ist es wirklich nötig, dass wir uns für unsere Familie beinahe vollständig zurücknehmen?

Alte Rollenbilder aufgeben

Der Grund, warum Mütter häufig zu fast vollständiger Selbstaufgabe neigen, können veraltete Rollenbilder sein, die in unserer Gesellschaft nach wie vor aktuell sind. Spüre in dich hinein: Wie beeinflussen dich Rollenbilder und gesellschaftliche Erwartungen an Mütter?

Vielleicht liest du auch viele Elternratgeber und möchtest dein Kind im Sinne der bedürfnisorientierten Erziehung begleiten? Das ist ein wunderbarer Ansatz, den ich voll unterstütze. Aber ist es wirklich wahr, dass eine gute Mutter stets und sofort auf die Wünsche ihres Kindes eingehen muss, damit es sich frei und sicher entwickelt? Die bedürfnisorientierte Erziehung kann Mütter (und Väter) ganz schön unter Druck setzen.

Ich glaube, wir können lockerer werden. Kinder sind viel robuster, als wir oft denken. Sie verzeihen uns manchen „Fehler". Ich gehe sogar so weit zu sagen, dass zu viel Perfektionismus unseren Kindern mehr schadet als kleine Ausrutscher in der Erziehung. Na klar, Gewalt kommt nicht infrage. Aber wenn wir mal ungeduldig werden und nicht ruhig und pädagogisch wertvoll reagieren, ist das kein Weltuntergang. Wir sind Menschen und Fehler gehören zum Leben. Kinder dürfen das sehen und wissen. Dann müssen auch sie nicht perfekt sein.

Dazu finde ich das Zitat des Kinderarztes und Autors Herbert Renz-Polster sehr passend:

„Herausfinden, was einen als Eltern trägt. Dann hat man die Kraft, die ganzen Erziehungsmodelle, Modelle sein zu lassen. Eltern leben heute in einer Diktatur der Angst. Ihnen wird eingetrichtert: Es muss so und so sein. Ich will ihnen sagen: Kinder sind rund um die Welt erfolgreich groß geworden. Ihr habt viel, viel, viel mehr Möglichkeiten. Schöpft sie doch aus!"

Radikale Akzeptanz

„Viele Menschen glauben, dass, wenn man etwas akzeptiert, man es nicht verändern könne, aber das Gegenteil ist der Fall. Nur das radikale Akzeptieren der Gegebenheiten in unserem Leben erlaubt uns eine Veränderung." Marsha Linehan, Psychologin

Bei der radikalen Akzeptanz geht es darum, anzuerkennen, was ist. Es geht um wirkliches Annehmen der aktuellen Situation – also kein oberflächliches Hinnehmen, sondern es muss tiefgreifend geschehen, mit allen Sinnen. Erst dann können wir Lösungen finden. Niemand kann die Vergangenheit ändern, und einige Tatsachen in der Gegenwart müssen wir hinnehmen. Zum Beispiel, wenn wir Eltern hatten, die sich nicht für uns interessiert haben. Genauso das Temperament unseres Kindes oder unsere eigene Veranlagung.

Aber wie soll das gehen? Annehmen, worunter wir leiden und was wir selber nicht wollten? Der Mensch ist nicht dafür gemacht, Unangenehmes zu akzeptieren. Unser Gehirn giert nach Lust und tut alles, um Unlust zu vermeiden. Bestimmt hast du schon von den Abwehrmechanismen gehört: Verdrängung und Projektion sind typische Abwehrmechanismen, die uns dazu dienen, das Unangenehme nicht fühlen zu müssen.

Allerdings lösen Abwehrmechanismen unser Problem nicht, sie verschieben es nur noch tiefer ins Unbewusste, wo wir mit viel Energie versuchen zu verhindern, dass es auftaucht. Stelle dir einen Ballon vor, den du mit beiden Händen unter die Wasseroberfläche drückst. Genauso kostet Verdrängen viel Energie und löst das Problem nicht. Es wird immer wieder auftauchen und uns viel Kraft kosten.

„Radikale Akzeptanz ist der einzige Weg, unser Problem zum Verschwinden zu bringen." Marsha Linehan

Akzeptanz geschieht nach einfachen Regeln:

- Fühle, was gerade ist, und bewerte nicht. Es gibt keine guten oder schlechten Gefühle oder Gedanken. (Nur angenehme oder unangenehme.)
- Wenn es dir gelingt, unangenehme Gefühle zu benennen und anzunehmen, werden sie schnell vergehen. Widerstand verstärkt unangenehme Gefühle und lässt sie chronisch werden.
- Nimm dich an mit allen deinen Dramen, deinem Scheitern und deinen Erfolgen.

Schau auch nochmal in das Kapitel „Selbstfürsorge steht an erster Stelle". Dort findest du praktische Anleitungen und Übungen, die dich auf deinem Weg zur Selbstannahme unterstützen.

NIMM ABSCHIED VOM „TRAUMKIND"

Hast du dir, als du schwanger warst, ein umgängliches, anschmiegsames, freundliches Kind vorgestellt? Einen Sonnenschein, der allen viel Freude bereitet? Und nun ist ein Kind zu euch gekommen, das schnell wütend wird, niemals zufrieden ist, über alles diskutiert und euch in der Öffentlichkeit blamiert? Auch wenn es auf den ersten Blick nicht so aussieht, auch dieses Kind hat Stärken und ist liebenswert.

Akzeptiere dein Kind, so wie es von der Natur geschaffen wurde: Ist es wachsam und immer auf der Hut, um bloß nichts zu verpassen? Reaktionsschnell und hellwach, um in kritischen Situationen einen kühlen Kopf zu bewahren und ungewöhnliche Lösungen zu finden? Ein Kind, das immer in Bewegung ist, Abwechslung braucht und voller Energie ist?

Sobald wir die wahre Natur unseres Kindes erkennen und uns darauf einstellen, wird das Kind aufblühen. Wir konzentrieren uns dann nicht mehr auf vermeintliche Schwächen, sondern stärken die Besonderheiten. Dann können wir kooperieren und Kämpfe werden überflüssig.

DAS FAMILIENLEBEN GESTALTEN

Du kannst sehr viel dafür tun, dass euer Familienleben entspannter wird und dein intensives Kind seine Energie in konstruktive Bahnen lenkt. So kannst du zum Beispiel dein Kind rechtzeitig darauf aufmerksam machen, wenn sich ein Wutausbruch ankündigt. Du kannst ihm sogar beibringen, wie es das mit der Zeit selbst erkennt und wie es sich dann selbst beruhigen kann. Auch wenn dein Kind besonders zögerlich ist oder alle Reize aus seiner Umgebung aufsaugt wie ein Schwamm, habe ich Tipps für dich, die dein Familienleben harmonischer werden lassen.

Eine bessere Eltern-Kind-Beziehung

Eine tiefe Eltern-Kind-Beziehung ist die Basis für jegliche Art von positiver Veränderung und macht Erziehung beinahe überflüssig. Denn wenn ein sicheres Band zwischen euch besteht, wird sich dein Sohn oder deine Tochter öffnen und vertrauensvoll auf deine Führung einlassen. Wie es dir gelingt, eine tragfähige Beziehung zu deinem Kind aufzubauen, erfährst du in diesem Kapitel.

Verhalten richtig interpretieren

Susanne ruft ihren Sohn Mark zum Abendessen. Sie ruft einmal, zweimal, dreimal. Keine Antwort. Sie geht nicht zu ihm ins Zimmer, denn sie will die Bratkartoffeln in der Pfanne nicht anbrennen lassen und ruft ein viertes Mal. Jetzt fühlt sie sich ignoriert, langsam steigt Zorn in ihr auf. Aber sie weiß, dass Mark so in sein Spiel vertieft sein kann, dass er einfach nicht mitbekommt, wenn sie ihn ruft. Also schaltet sie die Herdplatte aus und geht zu Mark, der versunken mit der Playmobil-Ritterburg spielt. Sie bückt sich, tippt ihm auf die Schulter und fordert ihn auf, in fünf Minuten zum Essen zu kommen. Mark spielt noch ein Weilchen und erscheint dann am Tisch.

Forschungen zeigen, dass Kinder sich sozialkompetenter verhalten, wenn ihre Eltern ihr gelegentlich schlechtes Benehmen nicht als absichtliche Provokationen und Böswilligkeiten auffassen. Diese Eltern suchen stattdessen die Ursache für das unangebrachte Verhalten in der jeweiligen Situation. Sie prüfen, ob das Kind überfordert ist, müde oder hungrig … Die Eltern werden also nicht wütend, sondern bemerken rechtzeitig, wann es Zeit ist, das Kind zu unterstützen. Im Beispiel oben reagiert Caroline auf die Tatsache, dass ihr Sohn oft so sehr in seinem Spiel versunken ist, dass er ihre Aufforderungen nicht hört.

Vielleicht denkst du jetzt, dass das Kind damit einfach seinen Willen bekommt und langsam lernen sollte, einfach auf seine Mama zu hören? Keine Sorge, es geht nicht darum, dass du deinem Kind alles durchgehen lässt. Dies ist nur der erste Schritt, damit dein Kind überhaupt fähig ist, zu kooperieren. Wie du dein Kind dazu bringst, in verschiedenen Alltagssituationen mit dir zusammenzuarbeiten, erfährst du weiter hinten im Buch.

Aktiv zuhören

Nichts stärkt das Selbstwertgefühl unseres Kindes so sehr, wie wenn wir ihm aufmerksam zuhören – denn dann fühlt es sich gesehen und ernstgenommen. Gleichzeitig lernt es seine Gedanken und Gefühle besser kennen.

Richtig zuhören fällt uns in der Hektik unseres Alltags gar nicht so leicht. Deshalb müssen wir uns bewusst vornehmen, unserem Kind zuzuhören und ihm unser Ohr und unsere Zeit zu schenken. In diesen Minuten müssen wir präsent sein und uns ganz auf unser Kind konzentrieren. Wie geht das?

- Wir machen es uns bequem und begeben uns auf Augenhöhe mit unserem Kind. Das Kind soll spüren, dass wir uns Zeit nehmen. Das Handy schalten wir auf stumm und das Telefon ignorieren wir und rufen später zurück. Dadurch merkt das Kind, dass es uns wichtiger ist als irgendein Anrufer. Einige Kinder brauchen eine Weile, bis sie auftauen. Dann wäre ein Spaziergang oder eine Autofahrt eine schöne Gelegenheit, um in Ruhe miteinander zu sprechen.
- Frage dein Kind, was los ist und ermuntere es, von seinem Tag zu sprechen. Höre aufmerksam zu und stelle Fragen, wenn du etwas genauer wissen möchtest. Erkundige dich vor allem auch nach seinen Gefühlen und zeige Verständnis.
- Schnell kommen wir mit Ratschlägen und schnellen Lösungen. Dann fühlt sich dein Kind nicht ernstgenommen. Frage es lieber, was es selbst schon unternommen hat, um ein Problem zu lösen. Ermuntere es, nach weiteren Lösungen zu suchen.
- Wenn dir dein Kind von Schwierigkeiten, die es erlebt hat, erzählt, versuche besser nicht, es sofort zu trösten und zu beschwichtigen: „Komm, das ist doch nicht so schlimm.“ Dein Kind würde sich unverstanden und alleine gelassen fühlen.

- Unterstütze dein Kind, seine Gefühle auszudrücken und zu benennen. Das hilft ihm dabei, seine Gefühle und damit sich selbst besser kennenzulernen. Und wenn unangenehme Gefühle benannt werden, beginnt bereits die Verarbeitung und das Kind kann sie loslassen.

SO KÖNNTE AKTIVES ZUHÖREN AUSSEHEN

Fredi kommt aus der Schule und sieht niedergeschlagen aus. Den Ranzen feuert sie in die Ecke.

Die Mama: „Fredi, was ist denn los?“

Fredi: „Die Lehrerin war mal wieder ungerecht zu mir.“

M: „Komm, wir setzen uns hin und du erzählst mir, was passiert ist.“

F: „Ich habe eine Strafarbeit bekommen, weil ich geredet habe. Dabei hat Marie mich zuerst etwas gefragt, und ich habe ihr nur geantwortet. Marie hat keine Strafe bekommen, dabei hat sie angefangen.“

M: „Das ist wirklich ungerecht. Ich kann mir denken, dass du sehr wütend warst.“

F: „Ja, das war gemein von ihr. Und wenn ich Frau Werner sage, dass Marie zuerst geredet hat, dann bin ich eine Petze. Das will ich auch nicht.“

M: „Das kann ich gut verstehen. Das ist wirklich eine schwierige Situation. Hmm. Was könntest du denn tun?“

F: „Die Strafarbeit mache ich jetzt jedenfalls nicht.“

M: „In Ordnung. Jetzt trink erst mal etwas und nachher überlegen wir uns eine Lösung.“

Klar kommunizieren

Wie oft benutzt du eigentlich das Wort „eigentlich“? Ich gestehe, dass ich es immer noch häufiger verwende, als mir lieb ist. Aber seit ich mir bewusst gemacht habe, dass dieses unscheinbare Wort eine große Wirkung hat, nämlich meine Aussagen vernebelt, benutze ich es immer seltener.

Viele Menschen verwenden in jedem zweiten Satz gewohnheitsmäßig das Wort „eigentlich“: „Eigentlich wollte ich heute früher ins Bett gehen“, „Das Buch gefällt mir eigentlich ganz gut“, „Eigentlich solltest du jetzt deinen Gameboy ausschalten“.

Man fragt sich, was will der Sprecher genau sagen? Das Wort „eigentlich“ sorgt dafür, dass jede Aussage verdreht rüberkommt und der Sprecher unsicher wirkt. „Eigentlich“ wegzulassen erfordert Mut, denn die Aussage wird auf einmal klar und kraftvoll:

„Eigentlich will ich, dass Mathias um acht Uhr im Bett liegt.“ Ganz anders klingt: „Ich will, dass Mathias um acht Uhr im Bett liegt.“ Was denkst du, bei welcher Aussage hat die Mama größere Chancen, dass Mathias tatsächlich um acht Uhr im Bett liegt?

Wenn wir „eigentlich“ weglassen, müssen wir uns vorher gut überlegen, was wir wirklich erreichen wollen und zu unserer Aussage stehen. Dann sind wir mit uns in Kontakt und strahlen Sicherheit und natürliche Autorität aus. Mütter, die auf „eigentlich“ bewusst verzichten, haben eine stärkere Ausstrahlung und erreichen ihre Ziele eher als Mütter, die mit diesem Wörtchen ihre Aussagen verwässern.

Selbstbewusste Menschen haben eine klare Sprache, weil sie eine innere Klarheit haben. Durch ihre innere Klarheit sind diese Menschen erfolgreich. Und bekanntlich lernen Kindern von ihren Eltern und übernehmen deren Sprachgewohnheiten.

„Man“ ist wie „eigentlich“ ein Wort, das wir aus reiner Gewohnheit viel zu häufig benutzen. „Man“ ist genauso unklar, denn wir wissen nicht, wer genau gemeint ist. „Man“ können alle sein, hinter denen wir uns verstecken.

„Das tut man nicht!“ Ein aufgewecktes Kind wird zu Recht fragen: „Wer ist man?“

Oft sprechen wir von „man“, wenn wir uns selber meinen: „Man kommt ja gar nicht mehr dazu, etwas für sich zu tun.“

Mit dieser Aussage erreichen wir nichts, denn niemand wird sich angesprochen fühlen. Gerade Mütter neigen dazu, mit ihrer Familie zu verschmelzen und nehmen sich als eigenständiges Wesen kaum noch wahr. Das zeigt sich dann tatsächlich an der Sprache. Viel kraftvoller wirkt der Satz, wenn wir „man“ durch „ich“ ersetzen:

„Ich komm gar nicht mehr dazu, etwas für mich zu tun.“

Du wirst viel mehr Aufmerksamkeit bekommen, wenn du von dir sprichst und das auch klar ausdrückst: „Ich will ...!“

ÜBUNG: WIE OFT BENUTZT DU „MAN“ UND „EIGENTLICH“?

Beobachte dich dabei, wann du „man“ und „eigentlich“ sagst. Nimm dir einen dieser Sätze vor und wiederhole ihn ein paar Mal laut. Spüre die Wirkung, die der Satz auf dich hat.

Nun ersetze „man“ durch „ich“ und lass „eigentlich“ weg. Wie wirkt dieser Satz? Wiederhole ihn mehrere Male. Welcher der beiden Sätze wirkt kraftvoller?

Lass dich bei der Umstellung deiner Sprachgewohnheiten unterstützen: Bitte deine Kinder, dir jedes Mal zu sagen, wenn du wieder eines dieser beiden Wörter verwendet hast. Sie helfen dir sicher gerne.

Bleib vier Wochen dran. Dann kannst du sicher Erfolge feststellen. Du fühlst dich kraftvoller und deine Kinder hören mehr auf dich.

Ein anderer Umgang mit „Fehlern"

Jedes Kind ist ein einzigartiges Wesen und folgt in seiner Entwicklung einem inneren Plan. Wir können davon ausgehen, dass intensive Kinder ihren eigenen Weg besonders hartnäckig verteidigen. Nun ecken sie mit ihrer Eigenwilligkeit immer wieder an und werden häufig zurechtgewiesen. Das verunsichert sie natürlich enorm! Es ist kein Wunder, wenn ihr Selbstbewusstsein unter der häufigen Kritik leidet.

Je älter ein Kind wird, desto häufiger wird sein Verhalten von Eltern und Lehrer*innen infrage gestellt oder sofort abgewertet: „So geht das aber nicht!", „Das ist falsch!". Viele Erwachsene folgen einem inneren Automatismus und nehmen sich nicht die Zeit, ein Kind aufmerksam zu beobachten, um seine Beweggründe zu erkunden. Dabei wäre es genau das, was ein Kind braucht. Denn es erprobt sich und lernt, wie Leben geht. Dabei macht es natürlich Fehler und braucht unsere Unterstützung. Wenn wir sein Verhalten einfach mit falsch oder richtig beurteilen, hilft das dem Kind nicht. Im Gegenteil, es erfährt nicht, was es hätte anders machen können, und was noch schlimmer ist: Es wird Angst vor Fehlern entwickeln und Kritik persönlich nehmen. Dabei sind Fehler nichts weiter als Informationen. Hier ein Beispiel:

Matteo, 4, zieht seinen Pullover alleine an. Er schafft es, allerdings sitzt der Ausschnitt hinten statt vorne. Sein Papa kommt dazu und sagt: „Matteo, du hast deinen Pullover falschherum angezogen. Komm, ich ziehe ihn dir richtig an."

Dieses Erlebnis ist frustrierend für Matteo. Sein Papa hätte einfach sagen können: „Der Ausschnitt von deinem Pulli sitzt hinten." Das genügt schon. Matteo wird wahrscheinlich versuchen, seinen Pullover richtig herum zu drehen. Wenn ihm das nicht gelingt, kann sein Papa fragen: „Möchtest du deinen Pullover umdrehen, damit der Ausschnitt vorne sitzt? Wenn du willst, helfe ich dir dabei."

Kinder bringen eine natürliche Neugier mit und wollen lernen. Angst vor Fehlern haben sie dabei nicht. Die bringen wir ihnen bei. Besonders wenn wir selber ängstlich sind und alles richtig machen wollen, schauen sich unserer Kinder das von uns ab. Wir neigen dann auch stärker dazu, unsere Kinder zu kontrollieren und zu kritisieren.

Je offener wir mit Fehlern und Missgeschicken umgehen, desto freier und unbekümmerter entwickeln sich unsere Kinder. Fehler gehören schließlich zum Leben dazu. Ohne Fehler gibt es kein Lernen.

ÜBUNG: WELCHE EINSTELLUNG HAST DU ZUM LERNEN UND ZU FEHLERN?

Beobachte dich selber einen Tag lang: Wie oft bewertest du dein eigenes Verhalten oder das deines Kindes als falsch oder richtig? In welchen Situationen passiert das? Wann kannst du Fehler einfach als Informationen über eine Situation sehen – die Information, dass einfach noch etwas fehlt, bis das gewünschte Ergebnis erreicht ist?

Typische überfordernde Verhaltensweisen und was du tun kannst

Kinder folgen ihrem eigenen inneren Plan. Je mehr wir in diesen Plan vertrauen, desto leichter können wir unserem Kind die Freiräume geben, die es für seine Entwicklung benötigt.

Wenn ein Kind sich auffällig verhält, zeigen diese „Unarten“, dass seine Entwicklung in diesen Bereichen behindert ist und nach Ausgleich sucht. Wenn wir diese Signale beachten, erleben Kinder, dass wir ihre tiefen Bedürfnisse wahrnehmen und darauf reagieren.

Das Kind bewegt sich übermäßig viel: Zappeln, Herumlaufen und Springen deuten darauf hin, dass der Gleichgewichtssinn gefördert werden will. Rhythmische Bewegungen wie Hüpfen auf dem Trampolin, Schaukeln auf der Schaukel oder in einer Hängematte trainieren den Gleichgewichtssinn wunderbar.

Ein Kind ist sehr laut: Das ist ein Hinweis darauf, dass der Hörsinn angeregt werden möchte. Lass dein Kind musizieren. Spielt mit einfachen Rhythmusinstrumenten, tanzt und singt.

Dein Kind fasst alles an: Schaffe Anregungen für den Tastsinn. Lasse dein Kind mit seinen Händen tätig werden: Kneten, mit Sand spielen, in der Erde graben, mit Holz und anderen Materialien arbeiten, ein Haustier streicheln. All dies entwickelt den Tastsinn.

ALLE SINNE FÖRDERN

Beobachte dein Kind und du wirst leicht herausfinden, in welchem Bereich seine Sinne mehr gefordert werden wollen. Denke dir Spiele und Beschäftigungen aus, die deinem Kind helfen, seine Sinneskanäle zu entwickeln. Je besser jeder einzelne Sinn entwickelt und integriert ist, desto besser entwickelt und vernetzt sich das Gehirn. Dein Kind wird leicht und gerne lernen.

Wenn dein Kind sich selbst abwertet

Kinder mit ADHS haben in ihrem Leben leider schon viel negatives Feedback bekommen, so dass sie selber nicht mehr viel von sich halten. Das ist traurig. Aber du kannst dein Kind dabei unterstützen, wieder positiv über sich zu denken.

Wie reagierst du auf Aussagen wie diese?
„Ich bin zu blöd, ich schaff das nicht."
„Ich kann gar nichts."
„Die anderen in der Schule sind sowieso besser als ich."

Bestimmt hast du diese oder ähnliche Sätze von deinem Kind schon gehört. Wir haben dann Mitleid mit unserem Kind und wollen es trösten: „Das stimmt doch gar nicht. Du bist doch nicht dumm." So verständlich diese Reaktion ist, was bewirken wir damit? Frage dich einfach, wie du dich fühlst, wenn du nach einem harten Tag nach Hause kommst und deinem Partner oder deiner Partnerin erzählst, dass du dich schlecht fühlst, weil du Fehler gemacht hast. Dann möchtest du wahrscheinlich nicht hören, dass es nicht stimmt, was du sagst. Du würdest dich noch schlechter fühlen, weil dein Gegenüber dich nicht versteht.

So geht es auch deinem Kind. Es wird darauf beharren, dass es recht hat in seinem Empfinden. Und das Gefühl, nicht gut genug zu sein, wird noch stärker.

Was du sagen kannst:
„Du bist gerade überfordert. Erzähle mal, was passiert ist."
„Du bist enttäuscht, das kann ich verstehen."
„Du fühlst dich gerade einsam."

Gehe einfach auf das Gefühl ein, das hinter diesen Aussagen liegt. Dein Kind sucht zunächst keine Lösung, sondern möchte in erster Linie verstanden und ernstgenommen werden.

Tröstend und erleichternd wirken Sätze wie diese:
„Das Gefühl kenne ich auch."
„Vielen Menschen geht es wie dir."

Das Kind merkt dann, dass es nicht alleine ist mit seinen Sorgen. „Es gibt Leute, die genauso komische Gedanken haben wie ich, und die verstehen, wie es mir geht."

Eine Lösung suchen:
Jetzt, wenn dein Kind sich verstanden fühlt, könnt ihr zusammen überlegen, wie es mit der Situation umgehen kann.

Stress reduzieren für Kinder und Erwachsene

Kinder mit ADHS und gefühlsstarke Kinder saugen Informationen auf wie ein Schwamm. Ungefiltert nehmen sie alle Eindrücke aus der Umgebung auf: Geräusche, Gerüche, Berührungen auf der Haut, bewegte Bilder, Lichter, bunte Farben, Emotionen von anderen Stimmungen ...

Die Sinne dieser sehr sensiblen Kinder – viele Kinder mit ADHS sind hochsensibel – reagieren wie feinste Antennen auf alles, was um sie herum geschieht. Das ist zweifellos eine wundervolle Begabung, die das Leben reich und intensiv macht. Gleichzeitig ist es eine Bürde: Die Kinder nehmen Eindrücke nicht nur stärker wahr, sondern haben auch länger damit zu tun.

Deshalb kämpfen sie immer wieder mit starken Gefühlen, innerer Unruhe und körperlicher Anspannung. Hochsensiblen Kindern hilft es sehr, wenn sie einige wirksame Strategien lernen, mit denen sie ihre starken Gefühle regulieren können. So sind sie ihren Emotionen nicht mehr hilflos ausgeliefert.

Starke Gefühle regulieren lernen

Wir können unserem Kind beibringen, sich selbst zu beruhigen. Zum Glück gibt es dazu viele Möglichkeiten aus der Achtsamkeitspraxis. Ich stelle dir hier einige vor, die mir sehr helfen:

- Unterstütze dein Kind dabei, seine Gefühle bewusst wahrzunehmen und zu benennen. Wenn wir Gefühle beim Namen nennen, nimmt ihnen das gleich etwas von ihrem Schrecken.
- Sag deinem Kind, dass alle Gefühle erlaubt sind. Es gibt keine bösen oder falschen Gefühle.
- Mach deinem Kind klar, das Gefühle kommen und gehen: „Gefühle ziehen vorüber wie die Wolken am Himmel."
- „Du bist nicht dein Gefühl, du fühlst es nur." Diese Erkenntnis macht einen Riesenunterschied.
- „Andere Menschen auf der Erde fühlen in diesem Moment genau das Gleiche wie du gerade."
- Wenn die Emotion abgeebbt ist, überlegt gemeinsam, wie es zum Gefühlsausbruch gekommen ist. War der Tag besonders anstrengend? Ist etwas Außergewöhnliches vorgefallen? Auch positive Emotionen können überwältigend sein. War dein Kind einfach nur hungrig oder durstig? Ein niedriger Blutzuckerspiegel macht dünnhäutig.

Wir Eltern sind die wichtigsten Vorbilder für unsere Kinder. Das gilt nicht nur für unser Handeln, sondern auch für unsere Emotionen. Kinder lernen von ihren Eltern, wie sie mit intensiven Emotionen umgehen. Wenn wir ärgerlich sind, überträgt sich dieses Gefühl auf unser Kind. Es reagiert ebenfalls ärgerlich. Wenn wir ruhig bleiben, bleibt es auch ruhig. Wenn wir also in der Lage sind, unsere eigenen Emotionen zu regulieren, ist das Gold wert: Wir können Eskalationen vorbeugen und unserem Kind vormachen, wie es selbst seine Emotionen in den Griff bekommt.

Ruhig bleiben, wenn unser Kind ausrastet?

Nun ist es nicht ganz einfach, ruhig und beherrscht zu bleiben, wenn unser temperamentvolles Kind täglich ausflippt, weil es seine Hausaufgaben nicht machen will, am Essen herummäkelt und uns nachts um unseren Schlaf bringt. Im Gegenteil, wir versuchen die Situation zu beherrschen, damit sie uns nicht vollends entgleitet, indem wir unserem Kind alle möglichen Konsequenzen androhen, wenn es nicht ... Dass das nicht funktioniert, haben wir hundertfach erlebt – und dennoch machen wir damit weiter. Denn irgendetwas müssen wir ja tun. In der Rolle als strafende, harte Erzieher fühlen wir uns nicht wohl. Wir wollten unserem Kind eigentlich liebevoll und wertschätzend begegnen. Und es gibt Momente, in denen wir uns fragen, ob wir für die Elternrolle geeignet sind.

Du hast es in Hand, wie dein Kind reagiert

So muss es nicht sein! Es geht besser, denn du hast großen Einfluss auf dein Kind. Deine Gedanken, deine Worte und dein Verhalten beeinflussen dein Kind unmittelbar. Du hast also mehr Macht über dein Kind, als dir bisher bewusst war. Macht im positiven Sinn. Du hast es in der Hand, ob dein Kind seine Energie in konstruktive Bahnen lenkt. Ich sage nicht, dass das leicht und entspannt geht. Aber du kannst dir Fertigkeiten aneignen, sodass du dein Kind wieder erreichst, ihr gut miteinander zurechtkommt und endlich wieder zusammen lacht.

Eskalationen vorbeugen – Die rote und die grüne Zone

Bei Angst, Wut, Gefahr oder Stress sendet unser Gehirn Signale an unser Nervensystem. Wir kommen in einen Überlebensmodus, den ich die rote Zone nenne. Unser Körper macht sich blitzschnell bereit zu Kampf oder Flucht: Der Herzschlag beschleunigt sich, der Blutdruck steigt, die Muskeln werden aktiviert. In diesem Zustand können wir nicht mehr klar denken. Die Bedürfnisse unseres Gegenübers nehmen wir nicht wahr und sind nicht mehr in der Lage, einfühlsam zu reagieren. Wenn wir uns in der roten Zone befinden, können wir keine konstruktiven Lösungen entwickeln. Wir reagieren aggressiv und greifen an, oder wir fliehen.

Wenn wir uns dagegen nicht angegriffen oder bedroht fühlen, uns also in der sicheren grünen Zone befinden, fühlen wir uns entspannt. Unser Atem und unser Herzschlag gehen ruhig. Wir sind in der Lage, einfühlsam auf unser Gegenüber zu reagieren und Lösungen zu finden.

Unser Ziel ist es, zu lernen, Signale, die uns in die rote Zone bringen, rechtzeitig zu erkennen. Dies gelingt uns nicht immer. Dann helfen Tricks und Kniffe – die sogenannten Skills – uns zu beruhigen und schnell wieder in die sichere grüne Zone zu kommen.

Erste-Hilfe-Tipps bei innerem Druck und Aufregung

„Das ist ein Irrenhaus“, sagt Sophie. „Zwei Kinder mit ADHS, das geht echt an die Substanz. Ein Beispiel: Lena geht aufs Klo, das klappt zum Glück. Dann aber beim Händewaschen macht sie sich von oben bis unten nass, weil sie Spaß daran hat. Und sie wird noch wilder, wenn ich sie bitte, damit aufzuhören. Dann setzt sie das ganze Badezimmer unter Wasser, während ich nach ihrem kleinen Bruder schaue … Der reißt dann überall die Schubladen auf, und das kann ja wirklich gefährlich sein. Dazu kommt dann, dass sie ständig schreien, weinen und streiten.“

Skills sind Kniffe, die wir in akuten Situationen anwenden können, um uns selbst aktiv zu beruhigen. Die Skills, die ich dir gleich vorstelle, stammen aus einer besonderen Form der Verhaltenstherapie, der dialektisch-behavioralen Therapie, kurz DBT. Dieser Therapieansatz ist geprägt von praktischen und konkreten Elementen aus der Verhaltenstherapie und Übungen aus der Achtsamkeitspraxis.

SKILLS, DIE AUFGEREGTEN KINDERN HELFEN

Vogelstimmen
Dein Kind lauscht auf die Vogelstimmen in seiner Umgebung. Wie viele Vögel mögen es sein? Wie unterschiedlich klingen ihre Stimmen? Sind sie hoch oder tief? Laut oder leise? Was erzählen sich die Vögel?

Anis
An Sternanis riechen. Holt ein aufgeregtes Kind wieder zurück ins Hier und Jetzt.

Atemübungen
Atme gemeinsam mit deinem Kind tief in den Bauch hinein und konzentriert euch nur auf den Atem. Atmet mehrmals ein und aus und spürt, wie die Anspannung immer weniger wird. Je öfter ihr diese Übung praktiziert, desto schneller hilft sie.

Wandübung
Dein Kind stellt sich mit dem Rücken an eine Wand. Es gleitet langsam an der Wand herunter, bis seine Knie im 90 Grad Winkel stehen. Das Ziehen in den Oberschenkeln soll es bewusst wahrnehmen und eine Weile aushalten. Diese Übung hilft sehr gut bei innerer Anspannung.

Affirmationen
Dein Kind sagt laut zu sich: „Mach langsam.“, „Bleib ruhig.“, „Eins nach dem anderen.“.

Etwas Schweres heben und wieder absetzen
Dein Kind hebt einen schweren Gegenstand und setzt ihn wieder ab, zum Beispiel ein dickes Buch, einen Topf oder Ähnliches. Es soll dabei bewusst seine Muskeln und das Gewicht des Gegenstands spüren. Gleichzeitig atmet es beim Heben kräftig aus und beim Absenken des Gegenstandes tief ein.

Igelball
Dein Kind rollt einen Igelball fest über seinen Arm und spürt, wie sich die Noppen in seine Haut eingraben. Es beginnt mit sanftem Druck und steigert ihn langsam.

Rosine
Gib deinem Kind eine Rosine. Die zerkaut es ganz langsam und konzentriert sich dabei auf den süßen Geschmack und die Beschaffenheit der Rosine in seinem Mund.

SKILLS FÜR GESTRESSTE ELTERN

Terminplaner
Plane achtsam deinen Tag. Nimm dir nicht zu viel vor und plane Verabredungen mit dir selber ein.

Schokolade
Lass dir ein Stück Schokolade auf der Zunge zergehen und schmecke die Süße und das Schmelzen. Probiere verschiedene Sorten und vergleiche sie. Rieche auch mal daran. Welche schmeckt dir am besten?

Lächeln
Stell dich vor einen Spiegel und lächle dich an. Erst ganz leicht und dann immer mehr, bis du richtig breit grinst. Du wirst dich fröhlicher fühlen – denn mit dem Lächeln hebt sich automatisch deine Stimmung.

Lieblingsparfüm
Schnuppere an deinem Lieblingsparfüm.

Kopfhörer
Verschaffe dir für einige Momente Ruhe und Entspannung: Höre Musik, die dir guttut.

Lavendel-Ammoniak
Die letzte Rettung, wenn du mal völlig außer dir bist: In der Apotheke kannst du Lavendel-Ammoniak-Ampullen kaufen. Daran schnupperst du, um wieder zu dir zu kommen. Achtung: Nur selten anwenden, denn Ammoniak kann die Schleimhäute schädigen!

Umgang mit Wutausbrüchen

Eines der Hauptsymptome von ADHS ist die Impulsivität. Betroffene Kinder können ihre Emotionen nicht steuern und rasten daher schnell aus. Oft sagen sie dann Dinge, die sie hinterher bereuen, dich aber sehr verletzen können.

Carola erzählt im Coaching: „Julian ist unberechenbar. Sonntag war alles so harmonisch. Wir hatten wirklich eine gute Zeit miteinander, aber vor dem Abendessen rastet Julian aus wie aus heiterem Himmel und schreit mich an: ‚Du bist die blödeste Mama aller Zeiten. Ich wünschte, du würdest für immer weggehen.' Ich hatte ihm nichts getan und war so verletzt."

Carola weiß theoretisch, dass ihr Sohn Julian, 7, in diesen Situationen nicht meint, was er sagt, aber die Beschimpfungen tun ihr jedes Mal weh. Sie gibt sich alle Mühe, geht auf ihren Sohn ein und tut alles, dass es ihm gut geht. Aber zum Dank wird sie übel beschimpft und manchmal sogar tätlich angegriffen.

Wie kommt es zu den Wutausbrüchen?

In diesem Fall war Julian wahrscheinlich von den Eindrücken des langen Tages überfordert und ganz sicher hatte er Hunger. Die Reizüberflutung und der niedrige Blutzuckerspiegel haben dann dafür gesorgt, dass Julian die Kontrolle über sein Verhalten verloren hat.

Ein anderes Kind hätte sich vielleicht zurückgezogen oder wäre quengelig geworden, aber ein intensives Kind wie Julian lässt seinen inneren Druck an seiner Mama aus. Sicher ist, dass beide unter der Situation leiden.

Wenn wir uns überfordert und gestresst fühlen, können folgende drei Dinge passieren:

- wir erstarren
- wir fliehen
- wir greifen an

Temperamentvolle, impulsive Menschen neigen zum Angriff. Das passiert blitzschnell. Wir Erwachsenen haben gelernt, unsere Emotionen zu steuern und schaffen es meistens – nicht immer – einzulenken, bevor die Situation eskaliert. Kindern gelingt das noch nicht, aber wir können es ihnen beibringen.

HILF DEINEM KIND DABEI, SICH ZU BERUHIGEN

Wenn dein Kind ausrastet und die Kontrolle verliert, bleibe in seiner Nähe. Versuche, es zu beruhigen: „Ich bin da. Ich werde dir helfen. Du wirst gerade von deinen Emotionen überschwemmt."

Finde heraus, ob sich dein Kind durch körperliche Nähe beruhigt oder ob es eher einen Rückzugsraum braucht, um wieder zu sich zu kommen.

Wenn dein Kind in der Öffentlichkeit ausrastet, ignoriere am besten die fremden Menschen um euch herum – auch wenn dir die Situation peinlich ist und du im Boden versinken könntest. Lass dich von der Meinung der anderen nicht verunsichern.

Sprich mit klarer und kräftiger Stimme zu deinem Kind, um es zu erreichen. Du wirst dich kompetenter fühlen und auch so wirken. Das hält andere davon ab, dir unerwünschte Ratschläge zu erteilen.

Bevorstehende Entwicklungsschübe können ein Grund für Wutanfälle sein. Vor einem Entwicklungsschub ist dein Kind möglicherweise empfindlicher und emotional weniger stabil als sonst. Bleibe gelassen, diese Phase sollte bald vorübergehen.

Wutanfall oder Machtkampf?

Sarah ist verzweifelt: Immer wieder rastet Anne aus. Dabei geht es um Kleinigkeiten wie den Schlafanzug anzuziehen oder ihre Hausaufgaben zu machen. Anne wirft sich dann auf den Boden und schreit wie am Spieß. Manchmal verliert Sarah die Beherrschung und wird selber laut. Sie hat alles versucht: Anne festgehalten und angeschrien, sie in ihr Zimmer gesperrt und Strafen angedroht. Es hat alles nichts gebracht.

Bei einem Wutanfall hat sich dein Kind nicht mehr im Griff. Bei einem Machtkampf versucht es, seine Interessen durchzusetzen. Wenn es sich also um einen Machtkampf handelt, sei klar und deutlich in dem, was du von deinem Kind erwartest. Es ist in der Lage, dich zu verstehen.

Anders sieht es bei einem Wutanfall aus: Dein Kind kann deine Worte nicht hören, deshalb bringen Diskussionen in diesem Moment überhaupt nichts. Dein Kind ist in Not und braucht einen Menschen in seiner Nähe, der ihn beruhigt. Das ist gar nicht einfach, denn auch du bist erregt und würdest vielleicht am liebsten in das Gebrüll mit einstimmen. Ansonsten eskaliert die Situation noch weiter und am Ende würdet ihr euch beide schlecht fühlen. Deshalb: Versuche gelassen zu bleiben, indem du einige tiefe Atemzüge nimmst und dir sagst, dass dein Kind einen Wutanfall hat, der gleich vorübergeht.

Zuhören statt Schimpfen

Das bedeutet nicht, dass du deinem Kind alles durchgehen lassen solltest. Destruktives Verhalten ist nicht akzeptabel! Wenn dein Kind sich wieder beruhigt hat, sprich mit ihm über die Situation und überlegt gemeinsam, was ihr tun könnt, dass es nicht so schnell wieder passiert. Der Gedanke dahinter ist, dass du herausfinden willst, was den Wutanfall ausgelöst hat und was dein Kind in solchen Momenten fühlt und braucht.

Schritt 1: Sprich mit deinem Kind und stelle ihm Fragen wie diese:

- „Welchen Grund hatte es, dass du deinen Schlafanzug nicht anziehen wolltest?“
- „Was hat du in dem Moment gedacht, als du deine Hausaufgaben nicht machen wolltest?“

Schritt 2: Wenn dein Kind darauf keine Antworten hat, unterstütze es und frage weiter:

- „Könnte es sein, dass du noch aufbleiben wolltest?“
- „Magst du den Schlafanzug nicht? Ist er unbequem?“
- „Wolltest du noch länger spielen?“
- „Bekommst du vielleicht schlechte Laune, wenn du an die Hausaufgaben denkst?“

Schritt 3: Überlegt gemeinsam, welche Lösungen es gibt.

- Dein Kind könnte den Schlafanzug vor dem Essen anziehen.
- Nimm dein Kind mit zum Einkaufen und sucht einen richtig gemütlichen Schlafanzug aus.
- Stellt einen Plan auf, wie ihr die Hausaufgaben angenehmer gestaltet.

Wutanfällen vorbeugen

Intensive, leidenschaftliche Kinder werden von ihren Emotionen schnell überflutet. Sie befinden sich dann in der roten Zone. In diesem Moment können sie nicht klar denken. Die Kinder wissen nicht, was sie tun und wie sie sich stoppen können.

Du kannst deinem Kind aber beibringen, wie es spürt, wenn es bald in die rote Zone kommt.

Finde heraus, wie es zu den Wutanfällen kommt:

- Beobachte dein Kind über einen gewissen Zeitraum hinweg. Notiere, wann ein Wutanfall auftritt. Schreibe auf, was an jenem Tag alles geschehen ist. Kinder mit ADHS oder gefühlsstarke Kinder sind sehr „reizoffen", wie wir Profis gern sagen, und sensibel. Weil ihr Gehirn nicht so gut in der Lage ist, Reize auszublenden, werden sie schnell überflutet von Eindrücken, die „normale" Menschen einfach ausblenden. Ziehe deine Schlüsse aus diesen Erkenntnissen.
- Angst vor Fehlern kann bei sensiblen Kindern trotziges Verhalten hervorrufen. Besonders Kinder mit sehr hohen Ansprüchen an sich selbst können sich unleidlich und widerspenstig verhalten, um ihre Ängste zu verstecken. Das geschieht natürlich unbewusst. Du kannst deinem Kind helfen, seine Gefühle besser zu verstehen, wenn du mit ihm darüber sprichst.
- Sei ehrlich dir selbst gegenüber und überlege, ob dein Verhalten bei Wutanfällen deines Kindes eine Rolle spielen. Gibt es etwas, was du anders machen möchtest, damit eine Situation nicht eskaliert? Häufig passiert es, wenn wir nicht auf unseren Energiehaushalt geachtet haben. Denn wenn unsere Akkus leer sind, haben wir nicht mehr die Kraft, die Bedürfnisse unserer Kinder wahrzunehmen.

STRATEGIEN FÜR BRISANTE SITUATIONEN

Dein Kind brüllt: *„Du bist die schlechteste Mama der Welt. Ich hasse dich!“*

Dahinter steckt oft, dass das Kind sich nicht gehört oder ungerecht behandelt fühlt. Im Coaching erlebe ich häufig, dass Mütter genaue Vorstellungen haben, wie eine Situation mit ihrem Kind ablaufen sollte. Sie wollen nur das Beste und vergessen ihr Kind zu fragen, ob es wirklich das ist, was es gerade braucht.

So kannst du vorgehen:

Versichere deinem Kind, dass du seinen Zorn wahrnimmst: „Ich verstehe, dass du wütend bist.“

Bitte es: „Erzähle mir, was dich wütend macht.“

Mach ihm klar, dass es seinen Zorn respektvoller ausdrücken kann: Anstatt „Ich hasse dich!“ soll es sagen „Ich finde das ungerecht“ oder „Ich wollte gerade etwas anderes tun“.

Dein Kind schlägt und wirft mit Sachen

Versuche, den Moment abzupassen, bevor dein Kind dermaßen in Rage ist, dass es mit Sachen wirft oder dich schlägt.

Wenn dir das nicht gelingt, stoppe es und sage ruhig mit fester Stimme: „Ich lasse nicht zu, dass du anderen Menschen wehtust“ oder „Ich lasse nicht zu, dass du mit Sachen wirfst“. Dann halte dein Kind fest, so dass es dich nicht schlagen kann.

Dein Kind wird laut werden und sich wehren, aber du hältst es fest, damit es sich und dir nicht wehtun kann. Nimm einige tiefe Atemzüge und sage dir: “Mein Kind wurde gerade von seinen Emotionen überschwemmt und kann nicht anders. Es meint mich nicht persönlich. Gleich ist der Wutanfall vorbei.“ Sprich zu deinem Kind mit beruhigender Stimme und lass es erst wieder los, wenn sein Körper ruhig geworden ist.

Körperkontakt herstellen: Wenn dein Kind in heller Aufregung ist, suche den Körperkontakt. Umarme es, wenn es das zulässt. Ein aufgeregtes Kind – selbst wenn es sich gerade unmöglich benimmt – zu umarmen, ist keine Verwöhnung. Wenn dein Kind hinfällt und sich wehtut, nimmst du es ja auch in den Arm und tröstest es. Bei einem Wutanfall oder anderen starken Emotionen erlebt dein Kind emotionalen Schmerz, der genauso wehtut wie körperlicher Schmerz.

Wenn dein Kind sich nicht umarmen lassen will, ermuntere es, sich zu bewegen, um die angestaute Energie loszuwerden. Am besten läuft es ein paar Runden im Zimmer oder auf der Stelle.

Bleib unbedingt dran: Beruhige dein Kind, während es erregt ist. Lass respektloses Verhalten nicht durchgehen und bestehe darauf, die Situation nach dem Wutanfall durchzusprechen. Dadurch lernt dein Kind mit der Zeit respektvolles Verhalten gegenüber anderen Menschen und wie es sich selbst beruhigen kann.

Erziehen ohne Schreien

Wir wollen unseren Kindern auf Augenhöhe begegnen. Deshalb nehmen wir ihre Wünsche ernst und stellen dafür unsere eigenen Bedürfnisse so manches Mal zurück. Aber es gibt Situationen, in denen wir uns durchsetzen wollen, und deshalb erwarten wir, dass unser Nachwuchs auf uns hört. Aber wie können wir unsere Kinder dazu bringen, ohne große Diskussionen und laute Worte das zu tun, was wir von ihnen erwarten?

Wenn wir auf taube Ohren stoßen

Was passiert, wenn wir Eltern uns durchsetzen wollen? Wie können wir uns verhalten, wenn unser Kind selbst nach der fünften Bitte nicht reagiert? Wenn wir auf taube Ohren stoßen? Einmal freundlich, zweimal freundlich, dreimal freundlich, aber das Kind reagiert nicht ... Es hört nicht, sondern ignoriert uns einfach! Da kann schon mal die Wut in uns hochkochen. Wir werden immer lauter, wir drohen und am Ende schreien wir eben los. Das wirkt dann wenigstens. Am Schluss weint das Kind, wir sind frustriert und fühlen uns als Versager. So wollten wir uns als Eltern nie verhalten!

Noch gravierender ist, dass unser Kind lernt, dass Brüllen zum Erfolg führt und dass es sich mit Gewalt durchsetzen kann. So wird aggressives Verhalten geradezu antrainiert: Unser Kind wird sich seinen jüngeren Geschwistern und anderen Kindern gegenüber genauso verhalten, wie wir es ihm vorleben.

Ist es wirklich wahr, dass unser Kind uns absichtlich ignoriert und ärgern will? Nein! Unser Kind will uns nicht ärgern. Denn Kinder sind soziale Wesen und wollen kooperieren.

Warum weder nett sein noch Brüllen hilft

Daniela kommt mit ihren beiden Jungs von einem Waldspaziergang nach Hause. Damit die Jungs auf ihre Kosten kamen, hat sich Daniela extra eine kleine Schatzsuche ausgedacht. Und es wurde tatsächlich ein gelungener Ausflug, bei dem die Jungs ihren Spaß hatten. Die gute Stimmung ändert sich schlagartig: Zuerst schmeißt Peter seine Jacke auf den Boden, anstatt sie aufzuhängen, und dann rennt er nach oben ins Kinderzimmer, ohne sich vorher die Hände zu waschen. „Jedes Mal das Gleiche", denkt Daniela und ärgert sich, weil Peter sich einfach nicht an die Regeln hält. Von unten brüllt sie: „Peter, komm sofort runter, häng deine Jacke auf und wasch dir die Hände! Wie oft soll ich dir das noch sagen.“ Keine Reaktion, Peter kommt nicht und seine Mama wird immer wütender. Was ist passiert?

Wie kommt es, dass unser Kind nicht auf uns hört? Es sei denn natürlich, es geht um Süßigkeiten, spielen, Filme schauen oder ähnliches ... Ein überzeugendes Modell dafür haben Wilfried und Astrid Brüning in ihrem Film „Wege aus der Brüllfalle“ entwickelt. Diesen Film lege ich dir sehr ans Herz. Er zeigt Eltern in ganz alltäglichen Katastrophen und wie sie durch ihr Verhalten die „Widerspenstigkeit“ ihrer Kinder geradezu hervorrufen. Ich habe mich manches Mal wiedererkannt und ertappt gefühlt.

Im Film wird gezeigt, dass Kinder von einer „Hülle“ umgeben sind. Diese Hülle schützt die Kinder vor äußeren Störungen, damit sie beim Spielen ungestört in ihrer eigenen Welt sein können. Spielen ist für die kindliche Entwicklung unendlich wichtig: Spielen ist Lernen, Spielen ist Entfaltung, Spielen ist Entdeckung! Im Spiel setzen sich Kinder intensiv mit sich selbst und ihrer Umwelt auseinander.

Die Hülle rund um das Kind wirkt wie ein Filter und schirmt sie vor „unerwünschten“ Einflüssen von außen ab. Dazu gehört alles, was das Kind bei seiner Beschäftigung stört: Aufforderungen der Eltern, zum Essen zu kommen, das Zimmer aufzuräumen, den Tisch zu decken.

Mir fällt auf, dass gerade Kinder mit ADHS ganz besonders dazu neigen, in ihrer Hülle, ihrem eigenen Raum unterzutauchen. Sie hyperfokussieren geradezu, aber nur auf das, was sie wirklich interessiert. Durch diese Hülle dringen nette Worte genauso wenig wie laute!

Tipps gegen das Brüllen

Wenn wir verstehen, dass Kinder „Hüllenwesen“ sind, wird der Familienalltag gleich viel entspannter. Wir nehmen es unserem Kind nicht mehr übel, wenn es auf unseren Wunsch nicht reagiert. Denn wir wissen ja, dass es uns nicht absichtlich provoziert. Wir rechnen gar nicht damit, dass unser Kind sofort gehorcht, weil uns klar ist, dass Kinder Wichtigeres zu tun haben, als die Bitten ihrer Eltern zu erfüllen.

Kontakt zum Kind aufnehmen
Damit unser Kind uns wahrnimmt, müssen wir in seinen Raum, in seine Hülle, eintreten. Wir begeben uns auf die Augenhöhe des Kindes, berühren es und nehmen Blickkontakt auf. Dann – und erst dann! – merkt unser Kind, dass wir da sind und dass uns unser Anliegen wirklich wichtig ist.

Ja, am Anfang ist es ungewohnt und manchmal auch lästig, unsere Tätigkeit zu unterbrechen und zu unserem Kind zu gehen, anstatt quer durchs Haus zu rufen. Konsequent angewandt ist diese Methode, unser Kind zu erreichen, viel wirkungsvoller, effektiver und Nerven schonender als Brüllen. Vor allem verhalten wir uns respektvoll und freundlich. So, wie wir als Eltern immer sein wollten.

Klar kommunizieren und wirksam auffordern
Auch wenn es uns nicht immer gefällt, müssen wir für unser Kind als Autoritätsperson sichtbar sein. Schließlich ist unser Kind darauf angewiesen, dass wir den Weg kennen und ihm Halt und Schutz vermitteln.

- Kurze und konkrete Anweisungen sind wirksamer als viele Worte und Diskussionen. Beispiel: „Erledige jetzt deine Englisch-Aufgaben, dann hast du danach noch Zeit zum Spielen.“
- Gib möglichst wenige Anweisungen. Dein Kind schaltet sonst auf Durchzug. Vermeide Diskussionen und lange Erklärungen.

Sage nicht, womit dein Kind aufhören soll, sondern was es stattdessen tun soll: Nicht „Brüll nicht!“, sondern „Sprich leise!“.
- Sei bestimmt in dem, was du erwartest: Nicht bitten oder betteln, wenn du Anweisungen gibst. So besser nicht: „Es wäre schön, wenn du diesmal deine Hausaufgaben ohne Murren erledigen würdest.“ Das ist keine klare Aufforderung, außerdem schwingt ein Vorwurf mit.
- Bestehe darauf, dass dein Kind deine Anweisung erfüllt.
- Verständnis wirkt Wunder. Versetze dich in die Lage deines Kindes: Es soll sein spannendes Spiel unterbrechen und stattdessen die langweiligen Hausaufgaben machen. Da kann man schon verstehen, dass das Kind genervt ist und nicht begeistert reagiert. Du könntest einfach sagen: „Ich verstehe, dass du jetzt gerne weiterspielen möchtest. Es geht leider nicht anders, jetzt sind die Hausaufgaben dran, und danach kannst du weiterspielen.“
- Und zum Schluss: Loben und Anerkennen! „Ich freue mich sehr, dass du ohne Murren dein Spiel unterbrochen und deine Hausaufgaben so zügig erledigt hast.“, „Toll, wie du jetzt immer deine Jacke an den Haken hängst.“.

Stark auftreten

Die Art und Weise, wie du mit deinem Kind sprichst, hat großen Einfluss darauf, ob es dich respektiert. Die Wortwahl, Betonung und Sprachmelodie bestimmen, wie deine Botschaft ankommt. Auch deine Körpersprache und innere Überzeugung spielt eine Rolle: Bist du wirklich davon überzeugt, was du von deinem Kind möchtest? Intensive Kinder haben feine Antennen und spüren sofort, wenn du nicht hinter deinen Worten stehst.

Keine Sorge, es ist nicht nötig, dass du deine Sprache und dein Auftreten komplett umkrempelst. Es genügen wenige Veränderungen und du wirst staunen, wie gut alle plötzlich auf dich hören! Schau dir dafür zum Beispiel das Kapitel „Klar kommunizieren“ an.

Regeln festlegen, die für deine Familie passen

Eltern, die wissen, was sie wollen, treten selbstbewusst auf. Diese Klarheit spüren die Kinder sofort – jedes Zaudern und jede Unsicherheit leider auch. Das sind diese Momente, in denen wir uns müde und schwach fühlen, dann tanzt uns das Kind zusätzlich auf der Nase herum. Kinder tun das nicht, um uns zu ärgern, sondern weil sie überfordert sind. Kinder verlangen geradezu nach Klarheit, verlässlichen Absprachen und selbstbewussten Eltern. Familienregeln helfen dabei, dem Kind Verlässlichkeit und Selbstbewusstsein zu zeigen – und den Alltag stressfreier zu gestalten. Die Voraussetzung für Regeln, die für deine Familie funktionieren: Die Regeln müssen zu deinen Werten passen!

Wenn du selbstbewusst bist, weißt du Bescheid über deine Werte, deine Leitlinien, an denen du dich orientierst und die dir im Leben eine Richtung geben. Jeder Mensch hat andere Werte. Vielleicht sind dir deine Werte schon bewusst oder du handelst unbewusst danach.

Übung: Entdecke deine Werte

Schritt 1: Gehe die Liste mit den Werten durch und markiere 20 Werte, die dich am stärksten ansprechen. Denke nicht allzu viel nach und verlasse dich eher auf deine Intuition. Wenn ein für dich wichtiger Wert fehlt, ergänze ihn einfach. Welcher Wert fühlt sich stimmig an für dich? Wähle einen Wert nicht danach aus, ob er gesellschaftlich angesehen ist. Es gibt kein Falsch oder Richtig. Jeder Wert ist gleichberechtigt.

Schritt 2: Von diesen 20 Werten suchst du wiederum zehn aus. Schreibe diese in dein Notizbuch und markiere die fünf wichtigsten. Sortiere sie nach der Wichtigkeit, die sie für dich haben. Das sind deine Leitsterne, an denen du deine Ziele und dein Handeln ausrichtest.

Übersicht über Werte, die für dich wichtig sein können

Abenteuer	Abwechslung	Anerkennung	Arbeit	Ästhetik	Aussehen
Balance	Begegnung	Begeisterung	Bekanntheit	Bewegung	Bewusstheit
Beziehungen	Disziplin	Echtheit	Effektivität	Ehrlichkeit	Einfachheit
Einfluss	Entspannung	Entwicklung	Erfolg	Erleuchtung	Ernährung
Erotik	Familie	Freiheit	Freude	Freundschaft	Frieden
Führung	Fühlen	Fülle	Fürsorglichkeit	Ganzheitlichkeit	Geborgenheit
Gedankenfreiheit	Gelassenheit	Gemeinschaft	Genauigkeit	Genuss	Gerechtigkeit
Gesundheit	Gewaltfreiheit	Glaube	Großzügigkeit	Harmonie	Heilung
Humor	Intimität	Integrität	Intelligenz	Intuition	Körperkontakt
Kompetenz	Kreativität	Lebendigkeit	Lebensfreude	Lebensqualität	Lebensstandard
Leichtigkeit	Leistung	Lernen	Liebe	Loyalität	Lust
Luxus	Macht	Meditation	Minimalismus	Mitgefühl	Moral
Mut	Nächstenliebe	Naturverbundenheit	Offenheit	Optimismus	Ordnung
Partnerschaft	Phantasie	Präzision	Qualität	Reichtum	Reife
Reisen	Risikobereitschaft	Romantik	Ruhe	Selbständigkeit	Selbstbestimmung
Selbsterkenntnis	Selbstgenügsamkeit	Selbstlosigkeit	Selbstverwirklichung	Selbstwert	Sex
Sicherheit	Sinn	Solidarität	Sparen	Spiritualität	Spontaneität
Sport	Spüren	Toleranz	Unabhängigkeit	Verbundenheit	Verantwortlichkeit
Vertrauen	Wahrheit	Weisheit	Wertschätzung	Wissen	Wohlbefinden
Wohlstand	Zufriedenheit				

Nun hast du deine Werte herausgefunden. Wenn du mit deinem Partner oder deiner Partnerin zusammenlebst, bitte ihn oder sie, die Werte-Übung ebenfalls durchzuführen.

Diese Werte sind die Grundlage für eure Regeln und Leitlinien. Jetzt könnt ihr eure Familienregeln festlegen. Setzt euch dazu zusammen und bezieht auch eure Kinder in die Entscheidung mit ein. Je mehr jeder Einzelne in eurer Familie hinter den Regeln steht, desto besser werden sie eingehalten.

Sinnvolle Regeln sind bereichernd für jedes Familienmitglied. Ihr solltet euch auch Konsequenzen überlegen, falls die Regeln nicht eingehalten werden. Die Konsequenzen müssen realistisch und durchführbar sein. Stellt nur wenige, aber wichtige Regeln auf! Wenn ihr sehr viele Regeln habt, seid ihr nur noch hinterher, dass sie auch eingehalten werden. Ständige Ermahnungen stressen alle. Deshalb überlegt euch einige sinnvolle Regeln, die eurem Kind den Rahmen bieten, in dem es sich frei bewegen kann.

Beispiele:

Wert	Regel
Rücksicht und Respekt	Wir achten auf die Bedürfnisse der anderen.
Gesundheit	Wir ernähren uns gesund.
Sicherheit	Beim Fahrradfahren wird ein Helm getragen.
Erfolg	Die Hausaufgaben werden grundsätzlich sorgfältig erledigt.
Ordnung und Klarheit	Wir legen unsere Sachen immer an ihren Platz zurück.

Die Regeln meiner Familie:

- Kein Fernsehen oder Handy beim Essen.
- Um 20:00 liegt das Schulkind im Bett.

- Wir tun uns nicht weh. Kein hauen, beißen, kneifen.
- Erst die Hausaufgaben, dann elektronische Medien.
- 30 Minuten/Tag Medienzeit während der Woche, eine Stunde am Wochenende.
- Jeden Tag das Musikinstrument in die Hand nehmen und ein paar Töne spielen.

Geschwisterliebe und Rivalität

Annika berichtet im Coaching: „Max ist 12 und Benni 9 Jahre alt. Die beiden können überhaupt nicht miteinander umgehen. Sie schlagen und beleidigen sich, wo es nur geht und lassen keine Möglichkeit aus, sich gegenseitig fertigzumachen. Sie sagen sogar, dass sie sich hassen. Ich bin am Ende meiner Kräfte und verstehe einfach nicht, warum sie so sind. Es vergeht kein Tag, ohne dass die zwei sich terrorisieren. Es tut mir schrecklich weh, wenn sie so miteinander umgehen. Der Neunjährige ist jetzt in den Ferien beinahe den ganzen Tag unterwegs und kommt so spät wie möglich nach Hause, um seinem zwölfjährigen Bruder bloß nicht über den Weg zu laufen. Hinzu kommt, dass Max unter ADHS leidet. Das macht es nicht gerade einfacher. Ich weiß einfach nicht mehr weiter und habe keine Idee, wie ich das in den Griff bekomme."

Bei Kindern mit ADHS ist die Eifersucht oft besonders intensiv ausgeprägt. Wirbelwind-Kinder sind eigenwillig, wollen den Ton angeben und reagieren schnell impulsiv. Gleichzeitig sind sie leicht gekränkt und geraten schnell in einen Strudel von Emotionen. Dann handeln sie unbeherrscht.

Kinder mit ADHS benötigen eine intensive und ständige Betreuung durch die Eltern. Dadurch ist es für Eltern schwierig, noch Zeit und Energie für die übrigen Kinder aufzubringen. Also bekommt das

„ADHS-Kind“ meist den größten Teil an Aufmerksamkeit und fühlt sich trotzdem vernachlässigt. Die unauffälligen Geschwister laufen nebenher mit und fühlen sich ebenfalls zu wenig beachtetet. Dann sind Geschwisterrivalität und Streitigkeiten zwischen den Kindern vorprogrammiert.

Fast alle Kinder sind eifersüchtig, wenn ein Geschwisterchen auf die Welt kommt. Verständlich, schließlich erhält das ältere Kind plötzlich weniger Aufmerksamkeit und Zuwendung der Eltern. Das tut weh. Das Kind fühlt sich vernachlässigt und kämpft um die Aufmerksamkeit und Zuneigung der Eltern. Oft entwickelt das Kind dann negative Gefühle gegenüber dem neuen Baby.

Manchmal lässt es seine Aggressionen am Baby aus und schlägt es vielleicht sogar. Das ist alles ganz normal und noch kein Grund zur Beunruhigung. Wenn die Eltern die unerfüllten Bedürfnisse des Kindes wahrnehmen und verständnisvoll reagieren, wächst sich das Problem bald heraus.

Was aber, wenn ein Kind weiterhin sehr eifersüchtig reagiert? Sich aggressiv und feindselig gegenüber dem jüngeren Geschwister verhält? Plötzlich gefüttert oder gestillt werden möchte, vielleicht wieder in die Hose macht? Sicher ist, dass das Kind sehr unglücklich ist und seine Not auf andere Weise nicht ausdrücken kann.

Wie geht's den Geschwisterkindern?

In einer Familie mit ADHS-Kind gibt es eine Menge Konflikte und immer dreht sich alles um das Wirbelwind-Kind. Da kann es leicht passieren, dass die unauffälligen, pflegeleichteren Geschwister in den Hintergrund geraten. Das empfinden sie natürlich als ungerecht.

Gleichzeitig versuchen sie, vernünftig zu sein und ihren Eltern nicht zusätzlich noch Sorgen zu bereiten.

Manchmal fürchten sich Geschwister zu Recht vor dem ungestümen, unberechenbaren „ADHS-Kind“, das beleidigend und körperlich aggressiv werden kann. Um das Geschwister-Kind mit ADHS nicht zu provozieren, verhalten sie sich übervorsichtig und beherrscht.

Gleichzeitig bekommen sie mit, dass das „ADHS-Kind“ mit seinem unangemessenen Verhalten Erfolg hat. Die Eltern nehmen sich Zeit für das Kind, obwohl – oder weil! – es sich danebenbenimmt. Geschwisterkinder schließen daraus, dass auffälliges Verhalten Vorteile hat: Eigentlich ruhige und unauffällige Kinder beginnen nun, sich ebenfalls auffallend zu verhalten, um ein Stück vom Aufmerksamkeitskuchen abzubekommen.

Erkennst du deine Familie wieder? Ist bei euch auch so?

Was wir tun können, damit es allen in der Familie gut geht

Damit sich alle Familienmitglieder wohlfühlen, haben sich diese Strategien bewährt:

Eltern-Kind-Zeit für jedes Kind:
Nimm dir in jeder Woche eine Stunde Zeit für jedes Kind. Das Kind darf aussuchen, wie ihr die gemeinsame Zeit miteinander verbringt. Trage dir diese wichtige Verabredung mit deinem Kind in deinen Kalender ein. Als alleinerziehende, berufstätige Mama hatte ich ständig das Gefühl, meinen Kindern nicht zu gerecht zu werden. Daher habe ich jedem meiner Kinder zu besonderen Gelegenheiten – die Konfirmation, eine Ehrenrunde am Gymnasium, ein wichtiger Geburtstag, ein gutes Zeugnis – eine Reise geschenkt. Nur ein Kind und ich sind

zusammen verreist. Die anderen Kinder wurden in dieser Zeit von den Großeltern oder dem Papa betreut. Diese gemeinsamen Erlebnisse haben meinen Kindern und mir viel gegeben und unsere Beziehung sehr gestärkt.

Verständnis:
Es tut dem Geschwisterkind gut, wenn du mit ihm über belastende Situationen sprichst, die es mit seinem schwierigen Bruder oder der schwierigen Schwester erlebt. Vermittle deinem Kind, dass es nicht brav sein muss und dass es wütend, ärgerlich und schwach sein darf. Klar, wir sind auch nur Menschen. So kann es passieren, dass uns Sätze wie „Mach uns nicht auch noch Ärger, wir haben schon genug Probleme mit deinem Bruder/deiner Schwester“ rausrutschen. Diese Sätze tun unserem Kind, das es sowieso nicht leicht hat, zusätzlich weh.

Keine Vergleiche zwischen den Geschwistern:
„Dein Bruder ist der Sportler in unserer Familie, dafür bist du die gute Schülerin.“ Das ist gut gemeint, aber durch Vergleiche besteht die Gefahr, dass die Kinder anfangen, ihre Leistungen gegeneinander aufzurechnen. Wir wollen unsere Kinder lieben, unabhängig von ihren Leistungen. Vor allem möchten wir, dass sich jedes unserer Kinder geliebt fühlt, so wie es ist. Wie du weißt, ist das extrem wichtig für das Selbstwertgefühl. Zudem legen wir sie mit Vergleichen auf Rollen fest, die vielleicht nicht zu ihnen gehören: der Sportler, die Schlaue. Wer weiß – ganz sicher steckt noch viel mehr im Sportler und in der Schlauen!

Positive gemeinsame Momente würdigen und bestärken:
„Toll, dass du deiner Schwester bei den Matheaufgaben geholfen hast. Deine Schwester kann sich freuen, dich als großen Bruder zu haben.“ Solche Sätze stärken die Bindung zwischen den Geschwistern.

Rückzugsorte für alle Kinder schaffen:
Wenn es in eurer Familie öfter mal turbulent und laut zugeht, Türen geknallt werden und harsche Worte fallen, ist es wichtig, dass jedes Kind einen Raum für sich hat, in den es sich zurückziehen und Ruhe finden kann. Bei älteren Kindern wäre ein eigenes Zimmer mit einem Schlüssel zum Abschließen der Tür ideal. Wenn das nicht geht, teilt das Kinderzimmer durch Raumtrenner oder einen Vorhang ab.

Das „ADHS-Kind" unterstützen:
Deinem Kind mit ADHS helfen klare Strukturen im Alltag, wirksames Kommunizieren, dem Kind beibringen, seine Emotionen zu steuern ...

Ein Kind mit ADHS allein erziehen

Als Alleinerziehende*r mit „ADHS-Kind" oder einem herausfordernden Kind hast du es doppelt schwer:
Du bist zuständig für die Erziehung, den Haushalt und das Geldverdienen. Dazu lastet die Verantwortung für dein Kind ganz auf dir. Das ist mehr, als ein einzelner Mensch bewältigen kann. Man sagt nicht umsonst: „Um ein Kind zu erziehen, braucht es ein ganzes Dorf."

Bin ich eine gute Mutter/ ein guter Vater?

Ohne dich zu kennen, behaupte ich: Ja, du bist eine gute Mama/ein guter Papa! Denn ...

- du gibst täglich dein Bestes. Rund um die Uhr bist du für dein Kind da.
- du sorgst dafür, dass es an nichts fehlt.
- du verzichtest auf vieles, weil Zeit und Geld knapp sind.
- deine eigenen Bedürfnisse kommen an allerletzter Stelle.

Dabei hast du ein besonderes Kind, das dich mehr fordert als ein „normales" Kind. Intensive und besonders temperamentvolle Kinder benötigen viel mehr Anleitung, Geduld, Zeit und Energie.

Bitte zweifle nie wieder an deinen Fähigkeiten als Mama oder Papa! Du leistest Übermenschliches.

Aber: Du musst nicht alles alleine schaffen. Lass dich unterstützen. Bitte Freundinnen, Freunde oder deine Eltern, dein Kind zu betreuen, damit du regelmäßig Zeit für dich findest.

Bevor du völlig erschöpft bist, sorge dafür, dass du immer wieder deine Batterien auflädst. Plane deinen Alltag so, dass du ausreichend Schlaf bekommst. Finde einfache und praktikable Lösungen für euch – auch wenn Erziehungsratgeber etwas anderes sagen.

In meinen Coachings erlebe ich, dass vor allem Mütter oft unglaublich selbstkritisch sind: Obwohl sie alles tun und bereits auf dem Zahnfleisch gehen, glauben sie, ihrem Kind nicht genug geben zu können. Diese Mütter wollen perfekt sein. Aber Perfektionismus ist eine Falle, die uns unzufrieden sein lässt und uns schnell an unsere Grenzen treibt. Deshalb sage dir immer wieder: **Gut ist gut genug!**

Wie verhältst du dich, wenn du mit unfairen Vorwürfen konfrontiert wirst?

Sabine wird ins Gymnasium ihres Sohnes Lukas, 15, bestellt. Als sie in den Raum kommt, sitzen ihr zwei Lehrer und der Rektor gegenüber. Mit ernstem Gesicht bedeutet ihr der Schulleiter, auf der anderen Seite des Tisches Platz zu nehmen. Sabine fühlt sich äußerst unwohl. Nun kommen auch schon die Vorwürfe: „Sie müssen dafür sorgen, dass Ihr Sohn seine Hausaufgaben macht und sich auf die Klassenarbeiten vorbereitet.

Ist es richtig, dass Sie den ganzen Tag außer Haus sind? So wird Lukas das Klassenziel nicht erreichen können." Sabine: „Ich muss arbeiten, weil ich mit den Kindern alleine bin." Der Lehrer: „So etwas haben wir uns schon gedacht. Dem Kind fehlt der Vater, der ihm sagt, wo es lang geht."

Vielleicht ergeht es dir ähnlich wie Sabine:

- Zunächst bleibt dir die Spucke weg.
- Dann überlegst du, ob an den Vorwürfen etwas dran ist, und du suchst die Schuld bei dir. (Hoffentlich kommst du zu dem Schluss, dass die Vorwürfe nicht gerechtfertigt sind!)
- Du findest es diskriminierend, dass für das Fehlverhalten deines Kindes deine familiäre Situation verantwortlich sein soll.
- Du sprichst mit Menschen, denen du vertraust, über den Vorfall und lässt dich darin bestärken, dass du eine prima Mama bist. Gleichzeitig erfährst du, dass in anderen Familien die Kinder auch nicht perfekt funktionieren.
- Zum Schluss überlegst du dir, was du bei einem erneuten Angriff sagen willst. Du bist bestens gewappnet, wenn wieder ein unfairer Vorwurf kommt.

Ungebetene Ratschläge?

Nun gibt es noch die wohlmeinenden Menschen, die dir ungefragt Tipps und Ratschläge erteilen nach dem Motto: „Mach doch einfach ...!"

Dann behalte im Hinterkopf:

- Erstens ist es deine Familie und dein Kind.
- Zweitens hast du sie nicht um Rat gebeten.

- Drittens bist du mit einem herausfordernden Kind in einer anderen Situation: Erziehungstipps, die bei „normalen" Kindern funktionieren, laufen bei deinem Kind wahrscheinlich ins Leere.
- Sage diesen Menschen freundlich und bestimmt, dass du sie fragen wirst, wenn du ihre Unterstützung brauchst.

Unterstützt dich dein Ex-Partner?

Oder macht er dir das Leben zusätzlich schwer? Hat der Vater deines Kindes Interesse an seinem Kind, bezahlt er den Unterhalt und übernimmt er seinen Teil der Verantwortung? Super.

Habt ihr euch allerdings nicht einvernehmlich getrennt, trägt dein Ex-Partner die Verletzung der Trennung möglicherweise über euer Kind aus. Vielleicht macht er dich schlecht beim Kind. An den Besuchswochenenden hält er sich nicht an Absprachen. Er zahlt den Kindesunterhalt nicht oder macht dir auf irgendeine Weise das Leben schwer. Das ist bitter und macht dich wütend. Gleichzeitig lässt dich sein unfaires Verhalten hilflos zurück.

Kämpfe für den Unterhalt für dein Kind! Du brauchst das Geld. Sei hier nicht großzügig und kompromissbereit. Ansonsten versuche, cool zu bleiben. Je weniger sein Verhalten dich aufregt, desto eher wird er damit aufhören.

Wenn du befürchtest, dass dein Ex-Partner dein Kind manipuliert und es dich deshalb weniger lieben wird, mach dir keine Sorgen. Dein Kind spürt deine tiefe Liebe und weiß, dass du immer für es da bist.

DEN ALLTAG MEISTERN TROTZ ADHS

Kinder beim Großwerden zu begleiten, ist immer eine anspruchsvolle Aufgabe. Aber ein „ADHS-Kind" zu erziehen, ist eine ganz andere Liga: Diese Kinder fordern uns durch ihre Intensität und ihren ausgeprägten Willen auf eine ungeahnte Weise und bringen uns manches Mal an unsere körperlichen und emotionalen Grenzen. In diesem Kapitel erfährst du, wie du euren Alltag trotz ADHS gelassen meisterst. Um dein besonderes Kind zu erreichen, brauchst du nicht nur Wissen darüber, was dein Kind wirklich benötigt, sondern auch effektive Strategien, die dir bei akuten Situationen im Alltag helfen. Genau das findest du in diesem Kapitel. Es ist so aufgebaut, dass du dir die Bereiche raussuchen kannst, zu denen du Unterstützung suchst.

„Warum kann mein Kind nicht einfach so sein wie andere Kinder? Wegen allem gibt's Diskussionen. ADHS macht unser Leben so anstrengend!" Kommt dir das bekannt vor? Ein kleiner Trost vorweg: Du bist nicht allein – und es gibt Lösungen!

Entspannter von morgens bis abends

Bei fast allen Familien, mit denen ich in meinen Coachings arbeite, ist der Morgen eine wahre Herausforderung. Bis die Kleinen angezogen sind, gefrühstückt haben und dann endlich das Haus verlassen, fühlen sich viele Eltern schon erschöpft. Dabei beginnt gerade erst der Tag.

Kindern mit ADHS fällt es schwer, sich selbstständig für den Tag bereitzumachen. So lassen sie sich durch herumliegende Spielzeuge leicht ablenken und vergessen sofort, was sie eigentlich tun wollten. Deshalb benötigen sie die Anleitung ihrer Eltern bei jedem kleinen Schritt. Es dauert lange, bis sie eine Routine entwickelt haben.

Wenn du verstehst und akzeptierst, dass dein Kind nicht absichtlich trödelt, wird es dir leichter fallen, gelassen zu bleiben. Und es gibt eine Menge Kniffe, die dir dabei helfen, euren Familienalltag leichter und fröhlicher zu gestalten.

Gelassen in den Tag starten

Aufstehen

Bist du eine Lerche und springst morgens mit Leichtigkeit aus den Federn? Herzlichen Glückwunsch! Damit hast du einen großen Vorteil gegenüber den Nachteulen, die morgens den Wecker mehrere Male auf *Snooze* schalten und sich erst, wenn es wirklich nicht mehr anders geht, aus dem Bett wälzen. Ich gehöre leider zu den Nachteulen ...

Während der Woche zählt morgens jede Minute. Deshalb tust du gut daran, wenn du vor den Kindern aus dem Bett kommst. Denn dann gewinnst du wertvolle Zeit, die du für dich allein nutzen kannst. Vielleicht machst du ein paar Yoga-Übungen vor dem geöffneten Fenster oder nimmst genussvoll eine Dusche. So startest du positiv gestimmt in den Tag und kannst dem, was kommen mag, gelassen entgegenschauen.

Viele Kinder mit ADHS kommen abends schwer zur Ruhe. Um sie morgens aus dem Schlaf zu reißen, bräuchte es einen nassen Waschlappen. So hart wollen wir nicht sein. Zum Glück, es gibt sanftere Wege.

Probiere aus, wie du dein Kind aus dem Bett bekommst:

- Vielleicht ist dein Kind bald ein stolzer Besitzer von einem Wecker und es steht eigenständig auf, wenn er klingelt?
- Du weckst dein Kind liebevoll ein paar Minuten vor der Zeit, damit es noch ein wenig schlummern kann?
- Oder dein Kind schläft lieber bis zur letzten Minute und steigt dann aus dem Bett?
- Du kannst dein Kind damit locken, dass seine Kleidung vorgewärmt auf der Heizung im Bad auf es wartet.
- Manche Kinder wollen erst frühstücken und ziehen sich dann an. Andere Kinder bekommen morgens nichts herunter. Sie waschen sich und ziehen sich lieber erst mal an.
- Eine gute Idee könnte sein, dass sich das Kind abends wäscht oder unter die Dusche stellt. Dann geht das Anziehen am Morgen ganz flott.

Probiert aus, was für deine Familie passt. Es gibt kein Falsch. Hauptsache, ihr fühlt euch wohl mit einer Methode und bleibt dann dabei. Denn Routinen am Morgen, die automatisch ablaufen, sind Gold wert.

Anziehen

Elias: „Diese Socken haben Knubbel!“ Er wirft sie in eine Ecke und sucht sich das nächste Paar heraus. So geht es eine Weile, bis wir endlich die richtigen, gemütlichen Socken gefunden haben. Dann beginnt das Drama um die Lieblingshose, die heute leider in der Wäsche ist. Denn diese Hose ist aus weichem Cordstoff und hat einen Gummizug im Bund. Keine andere Hose kann mit dieser mithalten. Bald sind wir beide richtig in Fahrt und schreien uns an. Ob wir es pünktlich in den Kindergarten und in die Uni schaffen, ist fraglich.

Kinder mit ADHS, hochsensible oder intensive Kinder sind sehr wählerisch mit ihrer Kleidung. Das hat nichts damit zu tun, dass sie verwöhnt wären, sie reagieren wirklich empfindlich auf Berührungen auf der Haut. Dicke Nähte aus harten Garnen, pikende Etiketten und kratzige Stoffe können diesen Kindern den ganzen Tag verleiden. (Ich kenne das Problem aus eigener Erfahrung: Als Kind musste ich manchmal Unterwäsche aus Wolle tragen. Den ganzen Tag habe ich mich sehr unwohl gefühlt. Mein Bruder hatte mit Wollwäsche keinerlei Probleme.)

Tipps für das morgendliche Anziehen:

- Wenn du Kinderkleidung kaufst, wähle Sachen aus weichen Stoffen und ohne dicke Nähte, wenn dein Kind sehr sensibel ist. Die Etiketten trennst du am besten raus; aber so, dass keine pikenden Ecken stehen bleiben.
- Du hast morgens deutlich weniger Stress, wenn du schon beim Einkaufen darauf achtest, dass sich die Kleidungsstücke untereinander gut kombinieren lassen. Denn dann kann dein Kind seine Sachen morgens selbst aussuchen – und du kannst mit ihm in jedem Fall unter die Leute gehen.
- Minimalismus ist angesagt: Am besten habt ihr nur eine kleine Auswahl an Lieblingssachen im Schrank. Das erleichtert das morgendliche Anziehen ungemein.
- Den Tipp, die Kleidung für den nächsten Tag schon am Abend bereitzulegen, kennst du bestimmt. Ich weiß nicht, wie es dir geht, aber ich muss gestehen, dass ich abends oft so müde war, dass ich die Energie für diese einfache Tätigkeit nicht mehr aufbringen konnte.

- Kindern mit ADHS fällt es bekanntlich schwer, sich auf eine Tätigkeit zu konzentrieren. Weil es morgens schnell gehen muss, sorge beim Anziehen am besten für eine Umgebung ohne Ablenkungen: Das Bad ist sicher besser geeignet als das Kinderzimmer, wo viele Spielsachen locken.
- Eine Sanduhr kann einem Kind, das schnell die Zeit vergisst oder noch kein Zeitgefühl entwickelt hat, helfen, bei der Sache zu bleiben.

Wenn dein Kind noch Unterstützung beim Anziehen braucht oder du ihm jeden Handgriff ansagen musst – manche Kinder brauchen das, auch wenn sie nicht mehr klein sind –, nutze doch parallel die Zeit, um auch dich im Bad herzurichten.

Pünktlich aus dem Haus kommen

Wenn morgens alle Familienmitglieder pünktlich aus dem Haus wollen, ist Organisation und Teamwork gefragt.

- Spanne deinen Partner ein, einen Beitrag zu leisten, wenn er das nicht sowieso schon tut. Dazu setzt euch in einer ruhigen Minute an den Tisch und überlegt gemeinsam, wie ihr die am Morgen anfallenden Tätigkeiten aufteilt. Geht mit System heran: Welche Aufgaben stehen an? Wer bereitet das Frühstück zu? Die Pausenbrote? Wer kümmert sich darum, dass die Kinder angezogen sind? Wer bringt welches Kind zum Kindergarten oder zur Schule? Und dann haltet die Vereinbarungen ein, damit sie zur Routine werden. Du hast sicher gemerkt, dass ich ein Fan von Routinen bin …
- *Der kleine Bruder Paul, 4, beißt in sein Butterbrot und schreit: „Jetzt ist es kaputt. So will ich es nicht mehr essen. Gib mir ein neues Brot!" Dieser kleine Aufstand passierte eine Zeit lang jeden Morgen. Sehr nervig auf Dauer. Die Lösung: Das Brot vorher in Häppchen schneiden. Und schon war Ruhe.* – Kleine Zwischenfälle wie dieser zeigen, dass wir gut daran tun, einen zeitlichen Puffer einzuplanen. Und dass Humor und Kreativität dabei helfen, eine Lösung zu finden.

- Die Ranzen sollten am Vortag gleich nach den Hausaufgaben gepackt werden. Darauf solltest du bestehen. Ich weiß, das erfordert Überwindung, weil man heilfroh ist, wenn die Hausaufgaben endlich erledigt sind. Dafür erspart euch diese Maßnahme am nächsten Morgen jede Menge Stress und Aufregung.

Entspannt zusammen essen

In unserer schnelllebigen Zeit, wo alle so beschäftigt sind, können die Mahlzeiten schöne Gelegenheiten für gemeinsame Familienzeit sein. Bei einem leckeren Essen können sich Eltern und Kinder austauschen und schöne Momente miteinander verbringen. Diese gemeinsame Zeit ist sehr wertvoll, denn sie stärkt den Zusammenhalt als Familie.

Gemeinsam zu Hause essen

Energiegeladenen Kindern fällt es normalerweise nicht leicht, längere Zeit ruhig an einem Esstisch zu verbringen. Die Erwachsenen wollen die mit Liebe zubereitete Mahlzeit dagegen in Ruhe genießen und sich dabei unterhalten. Wie bringen wir diese unterschiedlichen Bedürfnisse unter einen Hut? Diese Frage lässt sich nicht pauschal beantworten, denn es kommt auf die Situation und die Werte an, die ihr für eure Familie habt.

Möglicherweise haben du und dein Partner oder deine Partnerin bestimmte Vorstellungen, wie eine gelungene Mahlzeit aussehen sollte. Diese Vorstellungen sind zum Teil geprägt von eurer Herkunftsfamilie und passen vielleicht überhaupt nicht zu euren eigenen Bedürfnissen.

„In meiner Herkunftsfamilie mussten alle am Tisch sitzen bleiben, bis der letzte zu Ende gegessen hat. Egal, wie lange es dauerte", erzählt Uta, Mama von fünf quirligen Kindern. Sie versucht, diesen Anspruch auf ihre eigene Familie zu übertragen. Mit dem Ergebnis, dass die

Kinder bald hibbelig auf ihren Stühlen rumrutschen und die Erwachsenen die ganze Zeit dabei sind, die Kinder zu ermahnen. So kann keiner die Mahlzeit genießen.

Tipps für entspannte gemeinsame Mahlzeiten:

- Nehmen wir an, ihr trefft euch nach einem langen Tag zum gemeinsamen Abendessen. Eine pragmatische Herangehensweise wäre, dass die Kinder – vielleicht frisch geduscht oder gebadet im Schlafanzug – mit euch Eltern essen. Sobald sie satt sind, dürfen sie aufstehen, damit sie noch eine halbe Stunde ruhig spielen oder lesen können. Damit wäre allen gedient: Ihr Eltern könnt euch über den Tag austauschen, die Kinder sind schon bettfertig und dürfen sich beschäftigen. Auf diese Weise kann der Tag entspannt ausklingen.
- Lass dein Kind beim Zubereiten des Essens mithelfen: Beim Kochen und Essen zubereiten helfen, das schaffen schon kleine Kinder. Sie können zum Beispiel Möhren schrubben, Salat zerpflücken, Wasser in einen Topf gießen oder Kartoffeln waschen. Stelle dein Kind auf einen dieser praktischen Lerntürme, dann kann es wunderbar mithelfen. Größere Kinder verteilen die Soße auf der Pizza, schneiden Champignons in Scheiben und schlagen Sahne für den Nachtisch. Dein Kind ist stolz, dass es helfen kann, und es wird an dem Essen, bei dem es mitgeholfen hat, später nicht rummeckern. Natürlich dauert es länger, wenn dein Kind mithilft. Aber anstatt später Machtkämpfe auszufechten, weil das Essen nicht schmeckt, verbringt ihr wertvolle gemeinsame Zeit miteinander. Und dein Kind lernt, wie man Nahrungsmittel zubereitet.
- Verhindert Wutausbrüche beim Essen durch klare Regeln: Auch impulsive Kinder, die ihre Gefühle nicht gut im Griff haben, können lernen, sich so am Esstisch zu benehmen, dass sich auch die anderen wohlfühlen. Es ist in Ordnung, wenn ein Kind keinen Hunger hat und nicht essen möchte oder das Essen nicht mag. Aber es muss nicht losbrüllen oder das Essen quer über den Tisch werfen.

Auch wenn es das nicht persönlich meint, ist dieses Verhalten respektlos und verletzend, denn du hast dir Mühe gegeben, ein gutes Essen auf den Tisch zu stellen. Sage deinem Kind klar und deutlich, wie du dich fühlst und dass du dieses Verhalten nicht duldest: „Es ist in Ordnung, wenn du nichts mehr essen willst. Aber ich dulde nicht, dass du herumschreist und mit Essen wirfst. Sag einfach: ‚Nein, danke. Ich bin satt‘."

Auswärts essen

Eine andere Situation ist das Essen im Restaurant. Erwachsene haben einfach ab und zu Lust, ein gutes Restaurant zu besuchen, auch wenn sie jüngere Kinder haben. Ich war lange Zeit mit einem Franzosen liiert – der Vater meiner ersten drei Kinder – und ich kann dir sagen, dass wir recht viel Zeit in schicken Restaurants verbracht haben. Manchmal zu zweit und manchmal waren die Kinder mit von der Partie.

Gerne teile ich mit dir meine Erfahrungen zu Restaurantbesuchen mit Kindern:

- Grundsätzlich ist es angenehmer für alle Beteiligten, wenn das Restaurant nicht allzu elegant ist. In einem Restaurant mit bodenständiger Küche und ungezwungener Atmosphäre, wo Kinderlachen nicht gleich unangenehm auffällt, fühlen sich Familien sicher wohler.
- Dennoch dauert so ein Restaurantbesuch seine Zeit – und Kinder werden schon beim Warten auf das Essen ungeduldig. Wir haben deshalb vorgesorgt und eine Tasche mit Papier, Stiften, Bilderbüchern, Stickern und Ähnlichem mitgenommen. So waren die Kinder beschäftigt, bis das Essen kam und auch danach, wenn wir Erwachsenen noch einen Kaffee trinken wollten.
- Trotzdem haben wir den zeitlichen Rahmen nicht überspannt und sind, solange die Stimmung noch gut war, wieder aufgebrochen.
- Im Sommer ist das gemeinsam Ausgehen viel einfacher. In Biergärten mit angeschlossenen Spielplätzen kann die ganze Familie Spaß haben und ein paar schöne Stunden verleben.

Leni, 5, wird es während eines ausgedehnten Essens im Restaurant mit Geschäftspartnern ihres Papas langweilig. Sie kippelt auf ihrem Stuhl, bis sie das Gleichgewicht verliert und auf dem Boden landet. Die weiße Tischdecke reißt sie glücklicherweise nicht mit sich. Die Szene ist wie im Struwwelpeter. Die Geschäftspartner lachen, aber der Papa von Leni regt sich furchtbar auf. Ihm ist seine „schlecht erzogene" Tochter peinlich.

Was ist falsch gelaufen? Es war gewagt, ein kleines Mädchen zu einem wichtigen Geschäftsessen mitzunehmen und zu hoffen, dass sie durchhält. Für Leni war die Situation jedenfalls kein Vergnügen. Sicher wäre es besser gewesen, einen Babysitter zu organisieren.

Unter Leute gehen

Zu Hause, wenn wir unter uns sind, fühlen wir uns sicher und kommen meistens ganz gut zurecht miteinander. Im Supermarkt, im Restaurant, auf dem Spielplatz oder im Museum ist es eine andere Sache. Wir wissen nie, wann die Stimmung kippt: Erst war das Kind fröhlich dabei, und in der nächsten Minute liegt es kreischend und um sich schlagend auf dem Fußboden. Weil wir in solchen Situationen nicht allein sind, fühlen wir uns beobachtet und sind unsicher, wie wir uns verhalten können.

Reizoffene, intensive Kinder sind durch die vielen Informationen, die in der Öffentlichkeit auf sie einprasseln, schnell überfordert. Und weil wir selbst abgelenkt sind, nehmen wir die ersten Anzeichen, die auf die Reizüberflutung hinweisen, nicht rechtzeitig wahr – und schon ist es passiert: Unser Kind rastet aus und ist durch nichts zu beruhigen. Natürlich ist uns das peinlich. Hand aufs Herz: Für wie abgeklärt wir uns auch halten, so ganz stehen wir doch nicht darüber, was die anderen von uns denken.

Was du bei einem Trotzanfall in der Öffentlichkeit tun kannst:

- Durch die Stresshormone Adrenalin und Cortisol, die in seinem Körper freigesetzt werden, ist dein Kind übererregt. Jetzt muss es seine überschüssige Energie irgendwie loswerden. Ermuntere es, aufzustehen und sich zu bewegen. Nimm es an die Hand und geh mit ihm einige schnelle Schritte. Wenn dein Kind etwas älter ist, lass es den Gang auf und ab laufen oder Treppen steigen.
- Sprich mit lauter und ruhiger Stimme zu deinem Kind. Dein Kind ist in einem hohen Stresspegel gefangen und würde dich sonst nicht wahrnehmen. Außerdem wirkt deine kräftige Stimme souverän. Fremde Menschen werden sich dann nicht so leicht trauen, dir ungebetene Ratschläge zu erteilen.
- Lass dich von anderen Menschen nicht verunsichern. Fremde können dir egal sein, die Meinung von Bekannten hörst du dir einfach an und entscheidest dann, ob du ihren Rat annehmen möchtest oder nicht. Sage dir: „Die fremden Leute sind mir egal, ich werde sie niemals wiedersehen."
- Das kannst du zu deinem Kind sagen: „Ich bin da, ich helfe dir.", „Du wirst gerade von deinen Emotionen überwältigt.", „Weine ruhig, aber du darfst nicht treten oder schlagen.".

So kannst du Trotzanfällen vorbeugen

Trotzanfälle geschehen oft am späten Nachmittag, wenn dein Kind und du müde seid, vielleicht Hunger habt und einfach eine Pause bräuchtet. Über den Tag haben sich Eindrücke angesammelt, die am späten Nachmittag das Fass dann zum Überlaufen bringen. Mit der Zeit wirst du bemerken, dass Wutanfälle und unschöne Situationen nach bestimmten Regeln auftreten. Sie werden dann für dich vorhersehbar. Ab diesem Punkt kannst du vorbeugen und euren Tag anders planen.

- Sei aufmerksam, beobachte dich, achte auf deinen Körper und deine Gefühle. Wenn dir dein Körper meldet, dass er eine Pause braucht, höre auf ihn und gönne dir eine kurze Auszeit.

- Beobachte auch dein Kind und nimm die Anzeichen wahr, die darauf hinweisen, dass es überfordert ist und gerade ein Gewitter aufzieht. Legt eine Pause ein.
- Ein Wundermittel gegen Ausraster ist genügend Schlaf. So banal das klingt, Schlaf ist gerade für temperamentvolle Kinder enorm wichtig, weil sie durch ihren intensiven Lebensstil viel Energie verbrauchen, die ihnen spätestens am Nachmittag fehlt. Dadurch kommt es dann regelmäßig zu energetischen Zusammenbrüchen, den Ausrastern. Prüfe also, ob dein Kind ausreichend schläft. Im nächsten Abschnitt findest du viele Informationen und Anregungen dazu.

Ins Bett gehen, einschlafen und liegen bleiben

Kinder mit ADHS scheinen keinen Schlaf zu benötigen, obwohl er auch für sie so wichtig ist. Erst finden sie schwer ins Bett, dann wollen sie nicht liegen bleiben und stehen immer wieder auf. Morgens sind sie viel zu früh auf dem Posten.

Das kann uns Eltern furchtbar schlauchen. Unser Kind ist in Fahrt, aber wir sind ständig müde. Schlafmangel ist wie Folter und raubt uns unsere Lebensenergie. Wehmütig denken wir zurück an die Zeit, als wir noch keine Kinder hatten ...

Kinder mit ADHS benötigen genauso viel Schlaf wie andere Kinder
Es stimmt nicht, dass Kinder mit ADHS oder gefühlsstarke Kinder keinen Schlaf benötigen. Vielmehr ist es so, dass sie oft nicht einschlafen können!

Beobachte dein Kind genau, wenn es wenig geschlafen hat. Wirkt es dann noch freundlich, ausgeglichen und zufrieden? Oder ist es eher aufgedreht, übermütig und unkontrolliert? Schlägt die übermütige Stimmung schnell um in Trotz, Wut oder Traurigkeit?

Es ist schwierig, sehr temperamentvolle und lebhafte Kinder zum Schlafen zu bringen. Das Zubettgehen kann ein regelrechter Kampf sein. Vielleicht denkst du: „Jeden Abend bringe ich mein Kind zu einer vernünftigen Zeit ins Bett, aber es will nicht einschlafen. Mein Kind braucht einfach viel weniger Schlaf als andere Kinder."

Manchmal ist der fehlende Schlaf schon so zur Gewohnheit geworden, dass du glaubst, die Unleidlichkeit und Reizbarkeit gehörten zur Persönlichkeit deines Kindes – was natürlich nicht stimmt.

Gute Gründe für ausreichend Schlaf

- Ein Kind, das ausreichend schläft, ist ausgeglichen und zufrieden.
- Ein ausgeruhtes Kind ist besser in der Schule.
- Dein Kind kann seine Emotionen besser kontrollieren. Ihr habt weniger Streit und Konflikte in eurer Familie.

Wie viel Schlaf benötigt dein Kind?

In dieser Tabelle findest du Anhaltspunkte für den täglichen Schlafbedarf von Kindern. Natürlich ist der Schlafbedarf bei jedem Menschen verschieden. Die Angaben in der Tabelle bieten dir gute Orientierungswerte.

Babys (0–18 Monate)	14 bis 18 Stunden
Kleinkinder (18–36 Monate)	13 bis 14 Stunden
Vorschulkinder (3–6 Jahre)	11 bis 12 Stunden
Schulkinder (6–12 Jahre)	10 bis 11 Stunden

Warum temperamentvolle Kinder schwer in den Schlaf finden
Bei einem lebhaften, intensiven Kind ist das Erregungsniveau insgesamt höher als bei anderen Kindern. Deshalb braucht ein temperamentvolles Kind mehr Zeit und Zuwendung, um zur Ruhe zu kommen.

Das magische Schlaffenster
Du hast sicher schon erlebt, dass dein Kind müde war und „über den Punkt hinaus" gekommen ist. Dann war dein Kind völlig überdreht und kaum noch zu bändigen. Es hat dich viel Geduld gekostet, dein Kind zu beruhigen, bis du es endlich ins Bett bringen konntest.

Bei jedem Kind gibt es den einen Moment, wo es müde wird und bereit ist, zu schlafen. In dieser Phase sendet der Körper Signale zum Gehirn: Der Melatonin-Spiegel steigt und signalisiert dem Gehirn, dass es Zeit zum Schlafen ist. Das geschieht in einem zeitlichen Fenster.

Wird dieses Schlaffenster verpasst, fährt der Körper durch einen Adrenalinstoß das System des Kindes auf Hochtouren. Danach dauert es 60 bis 90 Minuten, bis das Kind wieder bereit ist, einzuschlafen.

Achte auf die Signale, die du bei deinem Kind wahrnehmen kannst, wenn es müde wird:

- Schatten unter den Augen
- Reibt sich die Augen
- Gähnt
- Langsam in seinen Bewegungen und ungeschickt
- Der Blick ist starr und glasig
- Wirkt abwesend, wenn du mit ihm sprichst
- Reagiert widerspenstig

Wenn du diese Signale wahrnimmst, warte nicht länger und bringe dein Kind sofort ins Bett.

SO HILFST DU DEINEM KIND BEIM EINSCHLAFEN

Kuschel mit deinem Kind, streichle es und bleibe eine Weile an seinem Bett, bis es in den Schlaf findet. Berührungen beruhigen und helfen deinem Kind, sich sicher zu fühlen. Auch wenn das eine Weile dauert, ist das völlig in Ordnung und kein Verwöhnen.

Gehe nach deinem Gefühl. Tue das, was sich richtig für dich anfühlt. Höre nicht auf Ratgeber, die empfehlen, man solle sein Kind weinen lassen und es würde sich nach einiger Zeit von selbst beruhigen. Das ist bei intensiven Kindern nicht der Fall! Anstatt ruhiger zu werden, steigern sie sich hinein in ihre Verzweiflung. Dabei werden sie von ihren Emotionen überschwemmt und sind ihnen hilflos ausgeliefert.

Wenn du geduldig bist und deinem Kind gibst, was es braucht, wird es mit der Zeit innere Sicherheit und Selbstvertrauen aufbauen – und bald wird es ohne deine Hilfe einschlafen.

Finde eine Tagesstruktur, in der dein Kind genug Schlaf bekommt
Beobachte eine Woche lang deinen Tagesablauf. Mach dir Notizen über die wichtigsten Aktivitäten in deiner Familie:

- Wann dein Kind aufsteht, wann es in der Schule oder dem Kindergarten ist. Notiere die Mahlzeiten, das Mittagsschläfchen, alle Freizeitaktivitäten, die Hausaufgaben, das Zubettgehen.
- Schreibe auch auf, wie sich dein Kind im Laufe eines Tages verhält: Ist es ausgeglichen und fröhlich, konzentriert und bei der Sache oder eher unkonzentriert und unleidlich?
- Deine Notizen werden für dich sehr aufschlussreich sein. Stelle nach und nach euren Tagesablauf so um, dass dein Kind seinen Schlaf bekommt.

Räume auch deinem Schlaf oberste Priorität ein. Du weißt ja: Wenn du ausgeschlafen bist, hast du mehr Energie, bist gut gelaunt und ausgeglichen. Dann kannst du auf schwierige Situationen angemessener reagieren und findest kreative Lösungen.

Guter Schlaf ist lebensverändernd! Habe Geduld, die Umstellung und Einführung einer Routine brauchen ihre Zeit. Es wird auch zu Rückschlägen kommen. Das ist ganz normal. Bleibe dran!

Ordnung schaffen und halten

Ordnung – oder besser gesagt: Unordnung – ist für ganz viele Eltern ein Thema. Klar, in jedem Haushalt kommen mit der Zeit viele Dinge zusammen, die aufbewahrt werden wollen. Sehr aktive Kinder, die sich leicht langweilen, bleiben oft nicht lange bei der Sache und ziehen ein Spielzeug nach dem anderen aus dem Regal. Natürlich ohne das alte vorher wegzuräumen. Dann sieht es in der Wohnung schnell so aus, als wäre ein Wirbelsturm hindurchgefegt. In dieser chaotischen Atmosphäre kann sich kein Mensch wohlfühlen.

Bevor wir ans Eingemachte gehen, will ich dir die Nachteile von Unordnung aufzeigen:

- Herumliegende Sachen führen zu Streit und Unfrieden.
- Sie verursachen mehr Stress, weil wir Dinge nicht wiederfinden können.
- Herumliegende Dinge lenken den Blick auf sich und machen nervös.
- Wir verlieren den Überblick und kaufen Dinge, obwohl wir sie schon besitzen.
- Wir vergeuden viel Zeit durch Suchen und ständiges Aufräumen.

- Kinder mit ADHS lassen sich sowieso leicht ablenken, weil sie sehr reizoffen sind. Unordnung führt dazu, dass sie sich noch weniger auf eine Sache konzentrieren können.

Es gibt also viele gute Gründe, Ordnung zu schaffen.

Legen wir los!

Ordnung schaffen

Sandra hat zwei Söhne: Theo, 7, und Paul, 9. Jeden Abend verbringt sie viel Zeit damit, das Kinderzimmer aufzuräumen. Obwohl es in der Familie die Regel gibt, dass vor dem Abendessen alle Spielzeuge zurück an ihren Platz geräumt werden, liegen überall Sachen herum. Die Kinder halten sich einfach nicht an die Vereinbarung.
Sandra ärgert sich darüber: Sie fühlt sich nicht ernstgenommen und sie verschwendet ihre kostbare Zeit mit den Spielsachen der Kinder. Diese Zeit könnte sie anders nutzen.

Was könnte Sandra tun?

Ihre Kinder besitzen sehr viele Dinge. Sie können gar nicht mit allen spielen und haben den Überblick über ihre Besitztümer verloren. Dadurch haben die einzelnen Dinge keinen Wert mehr für ihre kleinen Besitzer und werden achtlos behandelt.

Eine Grundordnung herstellen:
Schritt 1: Sortiert die Dinge aus, die den Kindern nicht mehr viel bedeuten. Das können Sachen sein, aus denen die Kinder herausgewachsen sind oder die ihnen noch nie viel bedeutet haben. Gib diese Dinge fort, verschenke oder verkaufe sie. Kaputte Dinge können in den Müll oder werden repariert. Nach dieser Aktion bleiben nur die

Sachen übrig, die den Kindern wichtig sind und mit denen sie sich gerne beschäftigen. Nun habt ihr eine Grundordnung geschaffen, mit der es deinen Kindern leichter fällt, Ordnung zu halten.

Schritt 2: Besorge einige große Boxen mit Deckeln, die sich gut aufeinanderstapeln lassen. Praktisch sind dursichtige Boxen, weil man dann gleich den Inhalt erkennt. Undurchsichtige Boxen könnt ihr beschriften. In diese Boxen sortiert ihr die Spielsachen nach Themen: In eine Box kommen Legosteine, in die nächste Spielfiguren, in andere Verkleidungssachen, Bastelmaterialien, die Eisenbahn und so weiter. Dadurch habt ihr eine klare Ordnung und viele kleine Kästen und Körbe werden überflüssig. Die Boxen könnt ihr mit Bildern oder Etiketten kennzeichnen.

Spielsachen in Verpackungen – Puzzles, Gesellschaftsspiele, Experimentierkästen –, mit denen nicht so häufig gespielt wird, bewahrt ihr oben im Regal auf. Bücher kommen nach unten ins Regal, damit die Kinder leicht herankommen.

Schritt 3: Jetzt geht es darum, die geschaffene Ordnung zu halten. Sage den Kindern, dass die Regel „Alle Spielsachen werden von den Kindern vor dem Abendessen eingesammelt und an ihren Platz aufgeräumt" einzuhalten ist. Überlege dir eine Konsequenz, wenn ein Kind sich nicht daran hält.

Bei Sandra läuft es jetzt so: Wenn die Kinder im Bett liegen, gehen sie und ihr Mann durchs Haus und sammeln liegen gebliebene Spielsachen ein. Diese legen sie in einen Korb, der in ihrem Schlafzimmer steht. Am Sonntag wird der Korb herausgestellt und die Kinder dürfen sich ihre Besitztümer zurückholen. Weil Sandra und ihr Mann konsequent sind, haben Theo und Paul schnell gelernt, ihre Sachen aufzuräumen.

Vielleicht hast du jetzt auch Lust bekommen, bei euch Ordnung zu schaffen? Dinge auszuräumen, die nicht mehr in unser Leben passen, schafft Raum für Neues und frische Energie kann fließen. Das tut der ganzen Familie gut.

Was Ordnung mit Konzentration zu tun hat

Saul, 9, verwandelte sein Kinderzimmer innerhalb kürzester Zeit in Chaos. Ein Spiel nach dem anderen riss er aus dem Regal und verstreute die Einzelteile auf dem Boden. Es gelang ihm nicht, sich auf ein Spiel zu konzentrieren. Inmitten der vielen Spielsachen wusste er nicht mehr, womit er spielen könnte. Er wurde dann immer unzufriedener und wollte schließlich fernsehen. Seine Mama erlaubte es ihm manchmal, weil er dann ruhiger wurde. Danach war er noch aufgedrehter als vorher. Auf Dauer war das natürlich keine Lösung.

Saul ist ein sehr reizoffenes Kind und lässt sich leicht ablenken. In seinem Zimmer herrschte ein Überangebot an Spielen und jedes Einzelne zog seine Aufmerksamkeit auf sich. Ein Kind wie Saul benötigt – noch mehr als andere Kinder – eine Umgebung mit wenig Ablenkungen. Sonst hat es keine Chance, sich auf eine Aufgabe zu konzentrieren. Durch sein Verhalten, chaotisch ein Spiel nach dem anderen herauszuziehen, macht er darauf aufmerksam, dass er überfordert ist und dringend Halt und Strukturen benötigt.

Ein Überangebot an Spielsachen überfordert

Viele Kinderzimmer sind übervoll mit Spielsachen: In den Regalen stapeln sich Kästen in quietschbunten Farben, auf dem Boden stehen Körbe mit allerlei Krimskrams, an der Decke hängen Mobiles und auf dem Bett mit der bunten Bettwäsche liegen Kuscheltiere. Oft sind die Vorhänge buntbedruckt und auf der Tapete tummeln sich Elsa oder Bob, der Baumeister.

Für Kinder mit ADHS, die jeden Reiz ungefiltert aufnehmen, müssen wir eine ablenkungsfreie Umgebung schaffen, damit sie zur Ruhe kommen und sich konzentrieren können. Das ist recht schnell bewerkstelligt: Schafft durch eine Aufräumaktion eine Grundordnung (siehe vorheriges Kapitel) und hängt offene Regale mit einem Vorhang ab. Dadurch ist schon viel gewonnen. Helle Wände und Vorhänge in einer neutralen Farbe wären Spitzenklasse.

ADHS und digitale Medien

Leon, 10, konnte ohne Videospiele nicht leben. Das glaubte er zumindest. Als seine Mutter mich um Unterstützung bat, verbrachte er bis zu sechs Stunden vor einem Bildschirm. Jeden Tag! Der extreme Medienkonsum von Leon war allerdings nicht der Hauptgrund, warum seine Mutter mich anrief. Ihr größtes Problem war, dass Leon keinerlei Regeln akzeptierte und aggressiv reagierte, wenn sie und ihr Mann ihrem Sohn Grenzen setzen wollten. Manchmal wurde er sogar gewalttätig und schlug seine Mutter. An ihren Armen hatte sie blaue Flecken. Seine Eltern waren ihm tatsächlich hilflos ausgeliefert.

Bei unserer ersten Sitzung stellte sich heraus, dass Leon ein intelligenter Junge ist. Während der ersten Schuljahre hatte er gute bis sehr gute Noten, die später allerdings massiv nachließen. Leon ging überhaupt nicht mehr gerne in die Schule. Den Unterricht fand er langweilig, und mit den meisten Kindern verstand er sich nicht besonders. Er war völlig antriebslos und brachte es einfach nicht fertig, sich auf seine Schulsachen zu konzentrieren. Seine Lehrerinnen und Lehrer konnten ihm auch nicht helfen, denn sie hatten selber keine Idee, wie sie Leon motivieren sollten. Der letzte Vorschlag seiner Klassenlehrerin lautete, Leon auf ADHS testen zu lassen. Dass Medien die Hauptursache für seine Probleme waren, ahnte bisher niemand.

Immer mehr Kinder verbringen immer mehr Zeit hinter Bildschirmen. Gleichzeitig fallen in den letzten Jahren vermehrt Kinder auf, die keinerlei Grenzen akzeptieren und bei denen Wutanfälle an der Tagesordnung sind. Typisch für diese Kinder ist, dass sie eine sehr niedrige Frustrationstoleranz haben. Auch leiden viele von ihnen unter Gefühlsstörungen, Aufmerksamkeitsstörungen und Schlafstörungen. Dazu gesellen sich Lernschwierigkeiten und Sprachstörungen. Diese bedenkliche Entwicklung wird von Ärzt*innen und Psycholog*innen dem zunehmenden Medienkonsum bei Kindern zugeschrieben. Wissenschaftliche Studien zeigen, dass heutzutage schon Säuglinge ab vier Monaten bis zu 90 Minuten und Vorschulkinder vier bis sechs Stunden täglich vor dem Bildschirm verbringen!

Aufmerksamkeitsstörungen durch digitale Medien?

In der Zeit, die Kinder vor einem Bildschirm verbringen, findet keine Interaktion mit den Eltern statt. Aber für die gesunde Entwicklung von Kindern ist der Austausch mit den Eltern essenziell: Kinder lernen soziale Kompetenzen dadurch, dass ihre Eltern sie spiegeln und auf sie reagieren. Durch Nachahmen erwerben Kinder alle Fertigkeiten, die sie im Leben benötigen: Sprechen, Laufen, sich anziehen, mit Besteck essen, Singen, Radfahren, Malen, Schreiben, Zählen ...

GUT ZU WISSEN – STUDIEN BELEGEN: ZU VIEL MEDIENKONSUM IST SCHLECHT FÜRS KIND

Es wäre natürlich unethisch, gezielte Versuche mit Kindern durchzuführen und Kinder anzuhalten, viele Stunden mit digitalen Medien zu verbringen. Wissenschaftler*innen haben jedoch in Untersuchungen mit Mäusen herausgefunden, dass schnell wechselnde Bildfrequenzen und Lichtsignale – wie bei Bildschirmmedien – dazu führen, dass sich Mäuse chaotisch und unvorhersehbar verhalten. Die Mäuse werden hyperaktiv und aufmerksamkeitsgestört. In Schweden wurde in einer Studie nachgewiesen, dass die übermäßige Nutzung digitaler Medien in Familien dazu führt, dass Kleinkinder deutlich verzögert sprechen lernen.

Im Alter von bis zu zwei Jahren können Kinder Realität und Bildschirm nicht unterscheiden. Sie sehen das Bild auf dem Monitor flach und zweidimensional. Das ist ein Problem, denn Kleinkinder können das flache Bild auf dem Monitor nicht in die Realität übertragen. Auch bei Vorschulkindern gelingt das Lernen über einen Bildschirm deutlich schlechter. Die Lernleistung ist bis zu 50 Prozent geringer als beim Lernen aus realen Situationen. Generell ist der Lernerfolg bei Kindern über Video weniger gut als bei einer Präsenz-Unterrichtseinheit.

GUT ZU WISSEN – DIESE BILDSCHIRM-ZEITEN EMPFIEHLT DIE BUNDESZENTRALE FÜR GESUNDHEITLICHE AUFKLÄRUNG (BZGA):

Bis 3 Jahre: keine Bildschirmmedien
Bis 6 Jahre: bis 30 Minuten täglich
6 bis 10 Jahre: bis 45 Minuten täglich
11 bis 13 Jahre: bis 60 Minuten täglich

SO ERKLÄRST DU DEINEM KIND, WARUM ZU VIEL MEDIENKONSUM NICHT GUT IST

Diese Geschichte kannst du deinem Kind erzählen, damit es versteht, warum digitale Medien und Fernsehen schädlich sind. (Inspiriert vom wunderschön gestalteten Schlaumacherbuch von Astrid und Wilfried Brüning – danke für die freundliche Genehmigung, die Geschichte hier nachzuerzählen!):

„Um herauszufinden, ob Fernsehen und Videospiele wirklich dumm machen, schauen wir uns an, wie dein Gehirn funktioniert. Das Gehirn ist unser wichtigstes Organ. Unser Gehirn steuert alle Körperteile, jedes Organ, unseren Herzschlag, die Atmung, unser Denken, die Gefühle und alle Bewegungen.

In deinem Gehirn wohnen Milliarden von klitzekleinen Zellen. Das sind die Neuronen. Die Neuronen sprechen miteinander und sagen deinem Körper, was er tun soll.

Als du ein Baby warst, haben die allermeisten dieser Neuronen noch geschlafen. Deshalb konntest du noch nicht viel: Du konntest schreien, trinken, deine Mama und deinen Papa erkennen und schlafen.

Deine Neuronen wollen aber nicht untätig sein, sie wollen dringend eine Aufgabe übernehmen: Sie wollen aktiv sein und lernen. Wenn Neuronen nichts zu tun bekommen, sterben sie! Du musst ihnen dabei helfen, aufzuwachen, denn von alleine werden sie nicht wach.

Deine Sinne wecken die Neuronen in deinem Gehirn auf und geben ihnen etwas zu tun. Deine Augen, deine Ohren, deine Nase, dein Geschmackssinn und dein Tastsinn. Sie alle sorgen dafür, dass deine Neuronen aufwachen und aktiv werden.

Über deine Sinne lernst du die Welt kennen. Deine Sinne nehmen wie feinste Antennen Informationen auf: Farben, Formen, Gerüche, Geschmäcker, wie sich etwas anfühlt und Geräusche. Dein Gehirn speichert diese Eindrücke, und deine Neuronen bekommen eine Aufgabe. Endlich sind sie aktiv. Aktive Neuronen machen dich schlau! Sie sammeln nämlich Wissen für dich ein. Je mehr Neuronen du aufgeweckt hast, desto schlauer wirst du.

Das Beste ist, die Neuronen unterhalten sich miteinander, sie vernetzen sich und arbeiten zusammen. So entstehen lebendige Eindrücke in deinem Kopf, an die du dich jederzeit erinnern kannst. Das wollen wir jetzt beweisen: Denke daran, als du das letzte Mal ein Eis gegessen hast. Wie sah es aus, wonach roch es, wie fühlte es sich in deinem Mund an? Vielleicht konntest du etwas hören? Das Krachen der Waffel, als du hineingebissen hast oder das Schaben des Löffels im Becher? Siehst du, deine Erinnerung an das Eis ist in deinem Kopf gespeichert. Du bist jetzt ein Experte für Eis. Dir kann keiner mehr etwas vormachen, weil du genau weißt, das Eis keine Zuckerwatte ist. So funktioniert Lernen!

Also: Erforsche alles mit deinen fünf Sinnen.

Dadurch verwandelst du deine Neuronen in Schlaumacher.

Deine schlauen Neuronen arbeiten zusammen und sorgen dafür, dass deine Erfahrung für immer in deinem Gehirn gespeichert ist.

Nun hast du gesehen, wie Lernen mit allen Sinnen funktioniert. Du verwandelst viele deiner Neuronen in Schlaumacher, die dann zusammenarbeiten und dich dadurch noch schlauer machen.

Fernsehen, Tablets, Smartphones und Videospiele können das nicht. Warum nicht? Was glaubst du? Richtig! Bei Videos gebrauchst du nur zwei deiner Sinne: deine Augen und deine Ohren. Ein klein wenig auch deinen Tastsinn, wenn du Knöpfe drückst. Deine anderen Sinne haben nichts zu tun und verkümmern! Die Neuronen in deinem Gehirn, die nicht benutzt werden, sterben ab.

Dinge, die du im Fernseher siehst, sind nur flache Bilder. Sie haben keinen Geruch, keinen Geschmack und du kannst sie nicht anfassen. Der Ton kommt von vorne aus den Lautsprechern, und das Bild ist direkt vor deinen Augen. Deinen Kopf musst du gar nicht bewegen, um alles zu sehen. Was sagen deine Neuronen dazu? Sie sind überhaupt nicht glücklich, weil sie müde werden und sterben müssen.

Wenn du viel auf Bildschirme schaust, hast du nur wenig Schlaumacher in deinem Gehirn. Es wird dir immer schwerer fallen, Dinge zu lernen, Ideen zu entwickeln und Lösungen zu finden. Wenn du nur wenige Schlaumacher hast, verlässt dich der Mut, du gibst schnell auf und willst dann wieder Fernsehen oder auf deiner Konsole spielen.

Du bekommst Probleme in der Schule, weil du zu wenige Schlaumacher hast, die dir helfen können, Aufgaben zu lösen. Bald hast du gar keine Lust mehr auf die Schule. Am liebsten würdest du zu Hause bleiben und noch mehr Videospiele spielen. Und noch mehr Schlaumacher müssten sterben.

Das willst du nicht, und das muss nicht passieren. Die Lösung ist ganz einfach: Schaue weniger fern, gehe raus und spiele viel mit anderen Kindern. Bastle, baue, lerne ein Musikinstrument und treibe Sport. Dann sind deine Schlaumacher glücklich und arbeiten zusammen. Sie unterstützen dich beim Lernen, du hast viele Ideen und kannst leicht Probleme lösen. Du fühlst dich einfach gut und stark. Auf geht's!“

Gesunde Ernährung bei ADHS

Die Ernährung hat einen großen Einfluss auf das Wohlbefinden und die Gesundheit deines Kindes. Dazu wirkt sie sich auf die geistige Leistungsfähigkeit und auf das Verhalten aus.

Vielleicht hast du schon beobachtet, dass sich dein Kind nach dem Essen bestimmter Lebensmittel anders verhält als sonst? Tatsächlich können ADHS-Symptome wie Hyperaktivität, Impulsivität und geringe Konzentrationsfähigkeit durch die Ernährung positiv beeinflusst werden.

Wenn du Wissen über günstige und ungünstige Nahrungsmittel sowie eine bewusste Ernährung aufbaust, kannst du viel tun, damit dein Kind ausgeglichener und aufmerksamer wird und sich besser konzentrieren kann.

Gesunde Ernährung im Alltag

Sich gesund zu ernähren, muss nicht aufwendig sein. Wenn du die Mahlzeiten selbst zubereitest aus frischen, unverarbeiteten Zutaten, bist du auf der sicheren Seite. Aber nun essen unsere Kinder nicht nur zu Hause, sondern auch häufig in der Mensa oder im Kindergarten. Hier haben wir scheinbar wenig Einfluss auf das Essen, das dort angeboten wird.

Ich habe aber die Erfahrung gemacht, dass Eltern doch einiges bewirken können, wenn sie gesunde, frisch zubereitete Gerichte einfordern. Der Essensanbieter an unserer Grundschule musste sein Angebot komplett umstellen, da die Eltern ihren Kindern lieber Mahlzeiten von zu Hause mitgaben, als sie in der Mensa essen zu lassen. Das Essensangebot der Mensa wurde folglich immer weniger genutzt. Daraufhin hat sich der Anbieter auf die berechtigten Wünsche der Eltern eingestellt: Es gab dann zwar weniger Auswahl, dafür aber frisch zubereitete Gerichte aus regionalen Zutaten.

Kinder entscheiden sich für gesundes Essen

Kinder können sehr wählerisch sein beim Essen. Dieses Verhalten legen nicht nur Kinder mit ADHS an den Tag, sondern genauso viele andere Kinder. Allerdings sind die reizoffenen Kinder sehr sensibel und haben daher einen ausgeprägten Sinn für Geschmack, Konsistenz, Aussehen und Geruch. Manche Speisen verabscheuen sie, weil sie ein komisches Gefühl in ihrem Mund auslösen. Andere haben eine seltsame Farbe oder riechen ekelig.

Es gibt sogar Kinder, denen es wichtig ist, dass sich die verschiedenen Lebensmittel auf dem Teller nicht berühren! Und einige haben eine bestimmte Reihenfolge, die sie penibel einhalten. Sie essen zum Beispiel immer erst die Beilage, dann das Gemüse – wenn überhaupt – und zum Schluss das Fleisch, das dann leider kalt ist.

Das alles ist schon nervig genug, aber dazu tun die intensiven Kinder ihren Unmut über das „falsche" Essen mit großer Entschiedenheit kund: Du zauberst mit Liebe die leckersten Gerichte und dann verzieht dein Kind das Gesicht zu einer Grimasse und schiebt seinen Teller von sich: „Igitt! Das kann man nicht essen!" Klar, dass du dich frustriert fühlst. Es ist ja nicht nur die Mühe, gesunde und leckerere Mahlzeiten zu planen, die Zutaten zu besorgen und das Essen zuzubereiten, sondern du machst dir auch Gedanken, dass dein Kind alle Nährstoffe erhält, die es für seine gesunde Entwicklung braucht.

TIPP GEGEN ESSEN-NÖRGELEI

Es ist gar nicht schwer, am Esstisch eine Atmosphäre, in der sich alle wohlfühlen, zu zaubern. Teile einfach die Verantwortung: Ihr Erwachsenen sorgt für gesundes Essen und regelmäßige Mahlzeiten. Das Kind entscheidet, was und wie viel es davon essen möchte. Vertraue darauf, dass es deinem Kind an nichts fehlen wird, auch wenn es mal sehr wenig zu sich nimmt oder das Essen ganz verweigert. Kinder haben ein natürliches Gespür dafür, was ihr Körper gerade benötigt. Der entscheidende Punkt ist, dass du dein Kind nicht drängst und bestimmst, was es essen soll. Denn das würde die gegenteilige Reaktion bewirken. Die Mahlzeiten geraten dann schnell zu einem unerfreulichen Machtkampf.

Du kannst darauf vertrauen, dass Kinder, wenn wir sie nicht drängen, sich intuitiv für gesundes Essen entscheiden. Dazu gibt es sogar eine wissenschaftliche Studie von der amerikanischen Kinderärztin Marie Clara Davis: Kleine Kinder durften über einen Zeitraum von mehreren Tagen aus einem Angebot an verschiedenen Lebensmitteln frei auswählen, was sie essen wollten. Dabei nahmen die Kinder nicht an jedem Tag eine ausgewogene Mahlzeit zu sich, aber über den Zeitraum von mehreren Tagen hinweg erzielten sie eine ausgewogene Nährstoffbilanz. Das Fazit: Kinder wissen intuitiv, welche Nährstoffe ihr Körper benötigt und wählen danach die Nahrungsmittel aus.

Gesunde Snacks für gute Stimmung

Ein ausgeglichener Blutzuckerspiegel sorgt dafür, dass dein Kind bei Laune bleibt. Wenn dein Kind aus heiterem Himmel unleidlich und streitlustig reagiert, kann dies also am niedrigen Blutzuckerspiegel liegen. Deshalb ist ein gesunder und leckerer Pausensnack für die Schule so wichtig, damit dein Kind wieder Kraft und Energie für die nächste Einheit tankt.

Auch am Nachmittag ist ein Snack eine willkommene Unterbrechung bei den Hausaufgaben. Behalte die Uhr im Auge und stelle deinem Kind etwas geschnittenes Obst, Gemüsesticks, Käsewürfel und ein Stück Gebäck bereit, bevor es anfängt zu maulen und streitlustig wird.

Wichtig ist, dass du den Zeitpunkt abpasst, bevor sein Blutzuckerspiegel im Keller ist und dein Kind zwangsläufig schlechte Laune bekommt. Damit dein Kind nicht bald schon wieder Appetit hat, gib ihm eine kleine Auswahl aus nährstoffreichen Lebensmitteln mit etwas Fett, Vitaminen und Kohlenhydraten, die bis zum Abendessen vorhält.

SCHLUSS MIT DISKUSSIONEN WEGEN SÜSSIGKEITEN UND CHIPS

Wenn du dir bewusst machst, dass du dafür verantwortlich bist, welche Nahrungsmittel bei euch im Schrank liegen, umso einfacher wird euer Familienleben werden: Denn je weniger Süßigkeiten, Chips, ungesunde Snacks, Limonaden und Co. im Haus sind, desto weniger Diskussionen und Verbote wird es geben. Also kaufe diese Dinge einfach nicht ein. Und weil wir alle keine Asketen sind: Ausnahmen bestätigen die Regel …

Häufige Unverträglichkeiten bei ADHS

Durch Unverträglichkeiten und Allergien sind Kinder sehr beeinträchtigt. Sie fühlen sich nicht wohl in ihrer Haut, sind unruhig, zappelig und können sich nur schwer auf eine Sache konzentrieren. Es ist sehr lohnend, möglichen Unverträglichkeiten auf die Spur zu kommen.

Dies geschieht durch eine von einem Arzt oder einer Ärztin begleitete Ausschlussdiät: Zu Beginn der Diät werden kritische Lebensmittel, die häufig eine Unverträglichkeit auslösen, vom Speiseplan gestrichen. Häufig sehen wir recht bald eine Verbesserung im Gesundheitszustand und dem Verhalten des Kindes.

Nach und nach werden diese Lebensmittel wieder eingeführt. Dabei wird das Kind sehr genau beobachtet: Treten durch ein Lebensmittel die Symptome wieder auf, muss dieses Lebensmittel in Zukunft gemieden werden.

Eine Studie der Uniklinik Freiburg hat gezeigt: Durch eine Ausschlussdiät können sich ADHS-Symptome um über 40 Prozent bessern!

Elternstimmen nach der Ausschlussdiät: „Wir hatten seit Jahren zum ersten Mal wieder eine normale Familie ohne diesen permanenten Streit unter den Geschwistern."

„Die Lehrerin hat gesagt, dass mein Sohn im Schullandheim genau so unauffällig war wie die anderen Kinder."

Günstige und ungünstige Lebensmittel bei ADHS

Lebensmittel, die häufig nicht vertragen werden oder Allergien hervorrufen:

Zusatzstoffe:
Sie können Hyperaktivität, innere Unruhe und Unkonzentriertheit verursachen oder verstärken. Diese Zusatzstoffe sind im Besonderen: Salicylate, Glutamate und Phosphate.
Zusatzstoffe sind enthalten in: Wurstwaren, Käse und Fertigprodukten.

Farbstoffe:
Farbstoffe können ADHS-Symptome verstärken.
Sie können enthalten sein in: Getränken, Fertiggerichten, Milchprodukten, Kaugummi und Zahnpasta.

Künstliche Süßstoffe:
Süßstoffe sind nicht weniger schädlich als weißer Zucker.
Sie sind enthalten in: Getränken, Fertiggerichten, Milchprodukten, Kaugummi und Zahnpasta.

Zucker:
Zucker ist in vielen Lebensmitteln enthalten, auch dort, wo man ihn nicht erwartet, zum Beispiel in Ketchup.

Lebensmittel, die häufig Allergien auslösen:
Milchprodukte, Eier, Soja, Erdnüsse, glutenhaltige Getreide, Fisch, Meeresfrüchte, Sellerie, Senf, Sesam und Schalenfrüchte

ADHS-Symptome lindern mit den richtigen Lebensmitteln:
Fleisch: Lamm, Pute, Hähnchen
Gemüse und Hülsenfrüchte: Linsen, Lauch, Spargel, Gurke, Karotte, Salat, Kürbis, Kohl, Kichererbsen
Beilagen: Kartoffeln, Reis, Hirse, Buchweizen
Obst: Apfel, Birne, Banane, Pfirsich, Aprikose
Getränke: Mineralwasser, verdünnte Fruchtsäfte, Kräutertee, Früchtetee, Reisdrink, Kokoswasser
Öle und Fette: gutes Pflanzenstreichfett, Butter, Kokosöl, Olivenöl, Rapsöl, Leinöl

Süßungsmittel: Apfel- und Birnendicksaft, Honig, Rohrzucker

(Quelle für die Angaben zu den Nahrungsmitteln: Dr. Christina Clement, Prof. Dr. Christian Fleischhaker Universitätsklinikum Freiburg Klinik für Psychiatrie, Psychotherapie und Psychosomatik im Kindes- und Jugendalter, UGB Forum 6/16)

GUT ZU WISSEN – ADHS UND NAHRUNGSERGÄNZUNGSMITTEL

Können Nahrungsergänzungsmittel zusätzlich zur täglichen Ernährung bei ADHS hilfreich sein? Erforscht wurden bisher die Omega-3-Fettsäuren.

Im Jahr 2012 wurde in der Fachzeitschrift „Journal of Child Neurology" eine Studie veröffentlicht: Bei den teilnehmenden Kindern mit ADHS im Alter von sechs bis zwölf Jahren wurde nach der Einnahme eines Omega-3/6-Präparats eine deutliche Verbesserung der Aufmerksamkeit, der Leistungsfähigkeit in der Schule und weniger Aggressionen beobachtet.

Omega-3-Fettsäuren finden sich in Lebensmitteln wie Leinsamen, Walnüssen, Chiasamen und vor allem Seefisch, Lachs, Meeresfrüchten und Algen. Die Omega-3-Fettsäuren aus Fisch und Meeresfrüchten nimmt der Körper besser auf.

In unseren Breitengraden essen wir gewöhnlich zu wenig Seefisch, um ausreichend Omega-3-Fettsäuren aufzunehmen. Deshalb ist es einfacher und sicherer, unserem Kind Kapseln oder Saft zu geben, in denen Fischöl enthalten ist. Auch wenn die Einnahme von Omega 3/6 in zu hoher Dosierung sehr wahrscheinlich unbedenklich ist, solltest du vorher eine Fettsäureanalyse beim Kinderarzt durchführen lassen.

Grundsätzlich gilt: Keine Nahrungsergänzungsmittel auf eigene Faust!

GUT DURCH DIE SCHULE MIT ADHS

Bei meiner Arbeit mit Eltern erlebe ich ganz oft, dass die Schwierigkeiten ihres Wirbelwindes erst mit der Schule so richtig anfingen. Im Kindergarten kamen schon mal Hinweise, dass ihre Tochter oder ihr Sohn besonders lebhaft ist. Aber wenn dann die Schulzeit beginnt, wird deutlich, dass ihr Nachwuchs sich nicht so verhält, wie es von den Lehrerinnen und Lehrern erwartet wird. Kindern mit ADHS fällt es einfach schwer, viele Stunden ruhig auf einem Platz zu sitzen und sich auf Aufgaben zu konzentrieren, wenn es vor dem Fenster so viel Interessantes zu sehen gibt. Oftmals stehen Mitteilungen im Heftchen, weil der Wirbelwind seine Hausaufgaben nicht gemacht oder mal wieder sein Schulmaterial vergessen hat. Dazu kommt der Stress am Nachmittag, wenn das Kind seine Hausaufgaben machen soll, aber nicht will oder kann. In diesem Kapitel erfährst du, was du tun kannst, damit dein Kind gut durch die Schulzeit kommt.

Eva berichtet: „Ich weiß nicht mehr weiter. Der Tag beginnt bei uns schon schrecklich. Wenn Micha aufstehen muss, sind seine ersten Worte: ‚Ich gehe nicht in diese blöde Schule.‘ Dann trödelt er, bis er den Bus fast verpasst. Micha verweigert alles, was mit der Schule zu tun hat. Am schlimmsten sind die Hausaufgaben. Es gibt Ärger, Wutausbrüche und Schreierei. Oft vergehen Stunden, bis er endlich mit seinen Aufgaben fertig ist. Und ich bin dann ebenfalls am Ende. Jeden Tag geht es so bei uns. Nicht zum Aushalten!"

Vielen Müttern und Vätern geht es wie Eva. Wir können davon ausgehen, dass es in jeder Klasse zwei oder drei Kinder gibt, die Probleme mit der Schule haben. Es sind die temperamentvollen Kinder, die auffallen und in Schwierigkeiten geraten – ob mit ADHS-Diagnose oder ohne.

Vielleicht geht es deinem Kind ja auch so? Wir Eltern machen uns dann riesige Sorgen und fragen uns, was wir falsch machen. Außerdem sind wir es leid, dass die Lehrerinnen und Lehrer sich dauernd über unser Kind beschweren. Das ist peinlich, wir haben Schuldgefühle und fühlen uns hilflos. Natürlich wissen wir, dass die Klagen teilweise berechtigt sind, aber Unterstützung und wirkliche Hilfe bekommen wir auch nicht.

SCHULNOTEN SIND ÜBERBEWERTET

Schulnoten sind nicht so entscheidend, wie wir oft glauben. Viel wichtiger ist, dass unsere Kinder herausfinden, wo ihre Neigungen liegen und was sie gerne machen wollen im Leben.

Mach dir Gedanken, womit sich dein Kind gerne beschäftigt, was es wirklich fesselt. Womit hat es gespielt, als es ganz klein war? Beobachte dein Kind und sprecht miteinander über seine Interessen. So könnt ihr gemeinsam herausfinden, was es begeistert. Auch dein Kind hat ganz sicher besondere Stärken, auf die ihr stolz sein dürft und die ihr fördern könnt. Und natürlich hat es auch Schwächen. Das geht doch uns allen so. Konzentriert euch auf die Stärken nach dem Motto: Die Stärken stärken und die Schwächen schwächen.

Warum die Schule für viele Kinder mit ADHS ein Drama ist

Mathias: „Die Schule ist so langweilig. Wir lernen dort Sachen, die kein Mensch braucht. Die Lehrerin meckert dauernd an mir herum."

Du kennst es bestimmt: Seit dein Kind auf der Welt ist, verhält es sich anders als die Kinder deiner Freundinnen und Freunde. Es benötigt weniger Schlaf, ist dauernd in Bewegung, steht auf Kriegsfuß mit Regeln und ist überhaupt sehr eigenwillig. Anstrengend! Aber ihr habt euch arrangiert mit eurem temperamentvollen Dickkopf. Alle haben den kleinen Wirbelwind lieben gelernt, so wie er nun mal ist.

Der Leidensweg der Kinder und der ganzen Familie beginnt oft mit der ersten Klasse. Das liegt an den typischen Eigenheiten von Kindern mit ADHS: Unaufmerksamkeit, Hyperaktivität und Impulsivität passen natürlich nicht zu den Anforderungen der Schule. Dort wird von Kindern erwartet, dass sie still sitzen, sich konzentrieren, Regeln und Anweisungen befolgen. Das alles fällt temperamentvollen Kindern schwer.

Gleich nach der Einschulung beginnt das Theater

Mit der Schule, wenn das Kind stundenlang still sitzen soll, kann es richtig schwierig werden: Sein natürlicher Bewegungsdrang lässt das lange Sitzen zur Qual werden. Das Kind zappelt, kippelt auf dem Stuhl und spielt mit seinen Stiften. Vielleicht steht es mitten im Unterricht sogar auf und läuft im Klassenzimmer umher.

Im Kindergarten war das alles noch kein Problem, aber in der Schule ist dieses Verhalten nicht erwünscht. Schon in der ersten Klasse erwarten Lehrerinnen und Lehrer von den Kindern, dass sie sich in die

Gemeinschaft einfügen, auf Anweisungen hören und Regeln befolgen. Das fällt vielen Kindern nicht leicht. Aber für Wirbelwind-Kinder ist das stundenlange Stillsitzen und Zuhören geradezu eine Tortur, weil es nicht ihrem natürlichen Temperament entspricht.

Einem temperamentvollen Kind fällt es schwer, sich auf Dinge zu konzentrieren, für die es sich nicht interessiert. Es kann nicht zuhören und sich komplexe Aufgabenstellungen einfach nicht merken. Aber genau das wird in der Schule erwartet.

Mädchen und Jungen mit ADHS neigen zu impulsivem, unüberlegtem Verhalten. Sie können einfach nicht warten, bis sie aufgerufen werden und platzen ständig mit ihren Antworten heraus. Die anderen Kinder ärgert das natürlich, denn auch sie wollen zu Wort kommen. Schnell werden Kinder mit ADHS so zum Außenseiter.

Dein Kind besser verstehen

Sarah tut alles, um den Weg in die Schule hinaus zu zögern: Morgens kommt sie nicht aus dem Bett und klagt über Bauch- oder Kopfschmerzen. Wenn sie dann endlich auf den Beinen ist, trödelt sie beim Anziehen. Der Schulrucksack ist auch noch nicht gepackt. Dann fängt Sarah hektisch an, ihre Sachen für den Tag einzusammeln. Natürlich verlässt sie zu spät das Haus. Nun bekommt sie zu allem Überfluss wahrscheinlich einen Eintrag wegen der Verspätung.

Überlege: Was könnte dein Kind fühlen, wenn es an die Schule denkt? Was ist der Grund, dass es so einen Horror davor hat?

Vielleicht hast du ja eine Ahnung, was dein Sohn oder deine Tochter beschäftigt oder ihr habt sogar schon darüber gesprochen. Vielen Kindern fällt es schwer, über ihre Sorgen und Nöte zu sprechen. Das liegt nicht so sehr daran, dass sie kein Vertrauen zu ihren Eltern hätten, sondern sie nehmen ihre Gefühle nur undeutlich wahr und können sie nicht benennen.

ÜBUNG UM HERAUSZUFINDEN, WAS DEIN KIND BELASTET

Zuerst schaffe eine vertrauensvolle Atmosphäre – vielleicht bei einem gemeinsamen Spaziergang oder abends auf der Bettkante – und lasse dein Kind berichten:
„Wie war dein Tag?"
„Was hast du erlebt?"
„Was war schön und was war unangenehm?"
„Was genau hast du gefühlt?"
„Welches Gefühl belastet dich am meisten?"
„Wenn du an ein Gefühl denkst, welche Farbe könnte das Gefühl haben? Welche Form?"
„Wo im Körper spürst du das Gefühl?"

Diese Übung hat mehrere Vorzüge: Wenn dein Kind seine Gefühle erforscht und benennt, fühlt es sich allein dadurch sofort besser. Weil du verständnisvoll nachfragst, nimmt dein Kind wahr, das du dich wirklich für seine Gefühle interessierst deshalb fühlt es sich angenommen und respektiert. Gleichzeitig erfährst du, was in der Schule los ist und was genau deinem Kind zu schaffen macht.

Freundschaften schließen

Wir Menschen sind von Natur aus soziale Wesen. Dennoch muss der Umgang mit anderen erlernt werden. Um mit anderen kooperieren zu können, brauchen wir soziale Fertigkeiten, die wir im Laufe unserer Entwicklung erwerben.

Bekanntlich legen Kinder mit ADHS großen Wert auf ihre Individualität. Anders ausgedrückt: Sie haben ihren eigenen Willen und lassen sich von anderen nur ungern etwas sagen. Das macht es ihnen schwer, in einer Gruppe zurechtzukommen. Aber auch ein „ADHS-Kind" braucht Freunde und muss lernen, sich in Gruppen einzufügen. Das gelingt, wenn wir ihm zeigen, wie es sich in eine Gruppe einfügen kann, ohne dabei seine Individualität und Würde aufzugeben.

Einige Kinder mit ADHS finden schnell Anschluss durch ihre charmante und humorvolle Art. Sie bringen viele Ideen ein und mit ihnen wird es nie langweilig.

Kinder mit ADHS können sich aber auch laut, unbeherrscht und impulsiv verhalten. Sie sehen sich im Mittelpunkt und nehmen die Bedürfnisse anderer Kinder nicht wahr. Wenn sie von eigenen Emotionen überflutet werden, können die intensiven Kinder Signale, die von anderen ausgehen, nicht wahrnehmen. Sie bemerken nicht rechtzeitig, wenn sie eine Grenze überschritten haben. Und das macht es ihnen schwer, bei anderen anerkannt und beliebt zu sein.

Wenn wir erleben, dass unser Kind keine Freunde hat und in der Schule vielleicht sogar ausgegrenzt wird, können wir ihm helfen. Wir können unserem temperamentvollen Kind beibringen, die Gefühle anderer wahrzunehmen und seine eigenen Emotionen zu regulieren.

Eine Gruppe Drittklässler unterhält sich auf dem Schulhof. Hans kommt dazu und fängt mit lauter Stimme an zu reden. Er weiß nicht, worüber die anderen sich unterhalten haben und platzt mit seinem Thema einfach dazwischen. Das kommt natürlich nicht gut an. Die anderen verdrehen die Augen und sagen zu Hans, dass er weggehen soll. Hans ist wütend und traurig, boxt ein Kind in die Seite und läuft weg. Zu Hause erzählt er seiner Mama, dass die anderen Kinder ihn nicht mögen und ausschließen.

Das könnte Hans' Mutter tun:

- Hans bitten, die Situation in allen Einzelheiten zu beschreiben.
- Ihn auffordern, sich in die anderen Kinder hineinzuversetzen: „Stell dir vor, du würdest dich mit den anderen unterhalten. Plötzlich kommt ein Junge dazu, der dazwischen platzt und mit lauter Stimme über etwas ganz anderes redet. Wie wäre das für dich? Was würdest du über den Jungen denken? Wie würdest du dich fühlen?"
- Zusammen mit Hans überlegen, was er das nächste Mal tun will, wenn er Anschluss zu anderen Kindern sucht: „Ich gehe zu der Gruppe, stelle mich dazu und höre erst mal zu, worüber sich die Kinder unterhalten. Wenn ich möchte, beteilige ich mich am Gespräch und achte darauf, dass ich über Dinge spreche, die die anderen interessieren."
- Hans sagen, dass Kinder es nicht mögen, geboxt oder gestoßen zu werden. Mit ihm gemeinsam andere Strategien entwickeln, um mit seiner Enttäuschung und seiner Wut klarzukommen. „Zuerst sage ich mir ‚Stopp'!", „Ich zähle innerlich bis zehn.", „Ich atme drei Mal langsam ein und aus.", „Ich gehe einfach weg und beruhige mich dann.".
- Möglicherweise fällt es Hans leichter, einzelne Kinder anzusprechen, anstatt sich in Gruppengespräche einzuschalten.

Sozialverhalten kann erlernt werden

Zu Hause geht es euch am besten? Da fühlt ihr euch sicher und keiner gibt euch ungebetene Ratschläge? Das kann ich gut verstehen. Gleichzeitig besteht das Risiko, dass ihr euch in eure eigenen vier Wände zurückzieht und kaum noch unter Leute geht. Damit dein Kind fit für die Gesellschaft wird, muss es Möglichkeiten haben, Sozialverhalten zu trainieren. Sonst wird Vermeidungsverhalten zur Belohnung, und dein Kind traut sich irgendwann gar nicht mehr raus. Das willst du nicht. Deshalb schaffe Gelegenheiten, bei denen dein Kind andere Kinder trifft:

- Melde dein Kind zu einem Kurs an – irgendetwas, das ihm Spaß machen wird. Achte darauf, dass die Gruppe überschaubar ist. Am Anfang fühlt sich dein Kind wahrscheinlich in einer kleineren Gruppe wohler. Toll sind Gruppenaktivitäten, bei denen dein Kind etwas mit anderen macht. Schwierig könnte es dann werden, wenn dein Kind vor der Gruppe etwas vormachen soll. Im Mittelpunkt zu stehen, liegt vielen gefühlsintensiven Kinder nämlich nicht. Später, wenn sich das Kind sicher fühlt, wird es auch diese Herausforderung annehmen.
- Lade regelmäßig ein Kind zu euch nach Hause ein. Wenn das eingeladene Kind etwas jünger und ausgeglichen ist, werden die beiden miteinander vermutlich besser harmonieren.
- Wenn dein Kind sich sicherer fühlt, besucht es seinen kleinen Freund oder seine kleine Freundin gerne auch bei ihm oder ihr zu Hause.
- Lobe die beiden Kinder, wenn sie schön miteinander spielen: „Toll, wie ihr euch abwechselt!“, „Ihr habt das zusammen aufgebaut“.

HOLE DEIN KIND DA AB, WO ES STEHT

Einige Kinder sind in ihrer sozialen Entwicklung noch nicht so weit, wie es ihrem Alter entsprechen würde. Kein Problem: Hol dein Kind da ab, wo es steht.

Ein Beispiel: Du merkst, dass es immer wieder Rangeleien um Spielsachen gibt, weil dein Kind seine Sachen nicht teilen will. Dann ist dein Kind noch nicht so weit, seine Sachen auszuleihen. Greife ausgleichend ein und gebe dem anderen Kind ein anderes Spielzeug. Aber bestehe nicht darauf, dass dein Kind sein Spielzeug sofort abgibt. Aufregung und Tränen wären die Folge. Keine Sorge, dein Kind ist nicht auf dem Weg zum Egoisten. Bald wird es in der Lage sein, seine Sachen auszuleihen.

Was tun bei Mobbing?

Kinder mit intensiven Gefühlen reagieren mitunter heftig auf Neckereien. Deshalb kann es leicht zum Opfer von Mobbing werden. Gleichzeitig neigen die lebhaften und witzigen Kinder dazu, andere zu ärgern oder zu necken – wobei Kinder mit ADHS in der Regel nicht bösartig sind und andere absichtlich ärgern oder verletzen. Sie nehmen einfach nicht wahr, wenn sie Grenzen übertreten haben. Deshalb mach deinem Kind klar, dass es die Grenzen anderer nicht überschreiten darf, auch wenn es das noch so lustig findet. Erkläre deinem Kind, wie es wahrnehmen kann, wenn andere unter dem Spott leiden. Dein Kind kann an den Äußerungen, dem Gesichtsausdruck oder der Körpersprache erkennen, wie sich das andere Kind fühlt. Hilfreich ist es auch, wenn sich dein Kind in das andere Kind, das es geärgert hat, hineinversetzt.

GUT ZU WISSEN – DAS IST MOBBING

Mobbing ist kein Spaß, sondern verbaler Missbrauch. Beim Mobbing wertet ein*e Schüler*in oder eine ganze Gruppe eine* Mitschüler*in mit Worten und Taten absichtlich ab.

Mobbing kommt über einen längeren Zeitraum vor und erfordert, dass zwischen dem Opfer und dem oder der Täter*in oder der Gruppe von Täter*innen ein Ungleichgewicht der Kräfte herrscht. Diese Ungleichheit kann sich auf körperliche oder psychische Stärke beziehen. Es handelt sich nicht um Mobbing, wenn zwei gleich starke Schüler*innen miteinander streiten.

Zwei Mädchen ärgern Steffi in der Pause und rufen ihr Schimpfwörter hinterher. Das geht jetzt schon seit einigen Wochen so. Als es zum ersten Mal passierte, wurde Steffi sehr wütend und verfolgte die Mädchen. Das nächste Mal verlor sie die Beherrschung und schlug eines der Mädchen. Daraufhin wurde sie zur Direktorin zitiert. Eine Woche später warf sie den Mädchen ihrerseits Schimpfwörter an den Kopf, doch das machte alles nur schlimmer. Steffi beschloss, sich in Ruhe zusammen mit ihrer Mama zu überlegen, wie sie dieses Problem lösen könnte.

Was Steffi tun könnte	Positive Konsequenz	Negative Konsequenz
Zur Lehrerin gehen und ihr davon erzählen.	Die Lehrerin würde die Sache klären und Steffi hätte kein Problem mehr.	Die anderen würden sie noch mehr ärgern, weil sie gepetzt hat.
Die mobbenden Kinder ignorieren.	Die Kinder würden den Spaß verlieren und aufhören.	Vielleicht schafft sie es nicht, weil sie so wütend wird.
Sich von den Kindern fernhalten.	Sie würde nicht provoziert werden. Sie werden sich mit anderen Dingen beschäftigen. Steffis Problem wäre verschwunden.	Die Kinder suchen vielleicht nach ihr und verfolgen sie.

Die beste Lösung wäre also für Steffi, sich fernzuhalten von den angriffslustigen Kindern und falls das nicht gelingt, eine Lehrerin anzusprechen.

Was tun, wenn Lehrer*innen ungerecht sind?

Damian: „Herr Bachmann mag mich einfach nicht. Ich kann tun, was ich will, immer meckert er an mir herum. Wenn ich mich melde, nimmt er mich nicht dran, und wenn ich dann einmal nicht aufpasse, ruft er mich auf und blamiert mich vor der ganzen Klasse. Ich hasse ihn!"

Gibt es immer wieder Ärger mit einem bestimmten Lehrer oder einer bestimmten Lehrerin? Erforscht gemeinsam in einer ruhigen Minute, wo genau die Probleme liegen. Lass dein Kind erzählen, wie es die Lehrperson erlebt und in welchen Situationen es Ärger gibt. Du kennst dein Kind und kannst bestimmt einschätzen, ob die Lehrerin oder der Lehrer wirklich ungerecht ist oder ob dein Kind nicht doch einen Anteil an der Lage hat.

Wenn du annimmst, dass dein Kind impulsiv und unverschämt auf die Lehrkraft reagiert haben könnte, spiegele ihm sein Verhalten. So kann es erkennen, wie sich der Lehrer oder die Lehrerin vermutlich gefühlt hat.

Mit der Schule zusammenarbeiten

Wenn es ein Problem gibt und du mit einer Lehrerin oder einem Lehrer darüber sprechen willst – was ich dir sehr ans Herz lege –, suche das persönliche Gespräch und schreibe keine E-Mails. Denke daran, dass die meisten Lehrerinnen und Lehrer engagiert sind und ihren

Job gut machen wollen. Sie möchten von Herzen, dass ein Kind sich in ihrer Klasse wohlfühlt, etwas lernt und sich gut entwickelt. (Vielleicht schüttelst du jetzt den Kopf und sagst dir, dass du ganz andere Erfahrungen mit Lehrpersonen gemacht hast. Ja, diese gibt es leider auch. Aber sie sind glücklicherweise in der Minderheit.)

Begegnest du den Lehrkräften mit Offenheit und Vertrauen, wächst ihr Verständnis für dein Kind. Sie werden dein Kind mit anderen Augen sehen und können sich auf seine Bedürfnisse einstellen.

Wenn die Lehrerinnen und Lehrer und du zusammenarbeiten, schafft ihr ein sicheres Netz für dein Kind, das ihm ermöglicht, sich geborgen und sicher zu fühlen. Dann kann dein Kind entspannt und mit Freude lernen.

Gespräche mit Lehrer*innen konstruktiv führen

Bereite ein Gespräch mit einer Lehrperson gut vor. Oft sind wir aufgeregt, wütend und erinnern uns unbewusst an unsere eigene Schulzeit, wenn wir an ein Gespräch mit Lehrer*innen denken. Lass dich von diesen negativen Erinnerungen nicht beeinflussen.

- Schreibe dir die wichtigsten Punkte auf, über die du mit dem Lehrer oder der Lehrerin unbedingt sprechen möchtest.
- Wenn dein Kind noch jünger ist, frage es nach seiner Sicht der Dinge: „Was genau ist vorgefallen? Was hat der Lehrer oder die Lehrerin gesagt oder getan? Wie hast du dich gefühlt?“ Ein älteres Kind sollte beim Gespräch dabei sein.
- Um dich zu beruhigen, atme, bevor du den Raum betrittst, mehrere Male tief in den Bauch und vollständig wieder aus. Versuche, während des Gesprächs ruhig und gelassen zu bleiben.
- Sage dem Lehrer oder der Lehrerin, warum du gekommen bist. Sprich offen über deine Gefühle und schildere, wie sehr dein Kind

leidet. Erzähle ihm oder ihr, was dein Kind braucht, damit es ihm besser gehen kann. Sprich über die Stärken und Schwächen von deinem Kind: „Lola ist sehr sensibel und lässt sich so schnell ablenken. Wenn sie in der hintersten Reihe am Fenster sitzt, kann sie sich nicht mehr auf den Unterricht konzentrieren. Es würde ihr helfen, wenn sie einen Platz direkt vor der Tafel hätte."

- Lass den Lehrer oder die Lehrerin seine Sichtweise schildern. Höre in Ruhe zu und versuche, ihn oder sie nicht zu unterbrechen. Die Lehrkraft spürt dann sofort, dass du sie respektierst und ist gleich viel wohlwollender gestimmt. So habt ihr eine positive Gesprächsatmosphäre.
- Betone immer wieder, dass du gekommen bist, weil du dir Sorgen um dein Kind machst und an Lösungen interessiert bist. Mach deutlich, dass du mit den Lehrerinnen und Lehrern zusammenarbeiten willst und offen für ihre Anregungen bist. Bitte um konkrete Tipps, wie du deinem Kind helfen kannst, damit es im Unterricht besser zurechtkommt und sich in der Schule wohlfühlen kann.

Nun hast du einen großen Schritt gewagt und hast dich für mehr Verständnis und Vertrauen eingesetzt. Das ist großartig! Du kannst darauf vertrauen, dass sich die Lehrerinnen und Lehrer für dein Kind einsetzen. Dein Kind wird diese neue Haltung seiner Lehrerinnen und Lehrer ihm gegenüber sofort spüren.

Hilfe! Hausaufgaben und ADHS

Eva erzählt: „Micha sitzt oft stundenlang an seinen Hausaufgaben. Er hat nicht mal besonders viel auf, sondern verschwendet einfach seine – und meine! – Zeit, was mich rasend macht. Er diskutiert mit mir darüber, ob die Hausaufgaben sinnvoll sind und ob er das jemals braucht im Leben. Es dauert ewig, bis er überhaupt mal anfängt. Wenn er dann endlich dran ist, lässt er sich von allem möglichen ablenken und verliert schnell die Lust. Dann kann es schon passieren, dass er wütend und aggressiv wird. Die Aufgaben seien zu langweilig, zu schwierig und überhaupt überflüssig ... Auf der anderen Seite: Wenn Micha mit seinem Lego-Technik beschäftigt ist, geht er darin auf und bekommt nichts um sich herum mit. Ich kann ihn rufen, so oft ich will, er hört es einfach nicht. Also, konzentrieren kann er sich schon, wenn er nur will."

Ein ganz großes Thema für Kinder mit ADHS: die Hausaufgaben. Temperamentvolle Kinder lernen anders. Sie konzentrieren sich anders als „normale" Kinder, deshalb mögen sie die Hausaufgaben noch weniger.

Weil Wirbelwinde sehr reizoffen sind, bekommen sie alles mit, was in ihrer Umgebung passiert. Dadurch lassen sie sich sofort ablenken. Das passiert besonders leicht, wenn sie die Aufgabe, mit der sie sich beschäftigen sollen, nicht besonders spannend finden.

Kinder mit ADHS können sich nicht konzentrieren?
In der Schulmedizin heißt es, dass Kinder mit ADHS eine Aufmerksamkeitsschwäche hätten. Die Kinder hätten grundsätzlich große Schwierigkeiten, sich zu konzentrieren. Aber das ist nur die halbe Wahrheit. Richtiger ist, dass „ADHS-Kinder" sich nicht konzentrieren können, wenn sie sich mit einer ungeliebten oder langweiligen Aufgabe befassen sollen.

Sobald sie allerdings von einer Aufgabe gefesselt sind, bleiben Kinder mit ADHS mit viel Leidenschaft und großer Ausdauer bei der Sache. Die Welt um sich herum blenden sie dann vollkommen aus. Die Schulmedizin nennt diese Fähigkeit „Hyperfokus" und stellt sie als Schwäche dar. Das ist schade, denn durch diese besondere Konzentrationsfähigkeit können Menschen mit ADHS große Leistungen vollbringen.

Für Motivation sorgen

Damit sich ein ADHS-Kind überhaupt konzentrieren kann, muss es die Aufgaben interessant finden. Es muss also motiviert sein.

Wenn dein Kind müde von der Schule heimkommt oder absolut keine Lust hat, sich an seine Hausaufgaben zu setzen, wird nicht viel dabei herauskommen, außer schlechte Laune, Streit und Frust auf beiden Seiten. Natürlich kannst du nicht immer darauf warten, bis dein Kind Lust bekommt, seine Hausaufgaben zu machen. Aber du kannst etwas tun – nämlich für die richtige Stimmung sorgen.

Eine anregende Lernatmosphäre schaffen
Jonas lernt seine Vokabeln besonders leicht auf dem Trampolin. Meike liegt auf dem Fußboden und erledigt so ihre Matheaufgaben.

Was ist eine anregende Lernatmosphäre? Aus meiner Erfahrung: eine gemütliche Umgebung mit einem Getränk in der Nähe. Viele Kinder fühlen sich wohler, wenn sie nicht allein sind beim Lernen. Deshalb muss es nicht immer der eigene Schreibtisch im Kinderzimmer sein. Kreative Kinder – Kinder mit ADHS sind kreativ! – brauchen Abwechslung, um lernen zu können. Möglicherweise können sie im Sitzen, Stehen oder Liegen gut arbeiten.

Probiere einfach aus, wie dein Kind am besten lernen kann. Sei dabei ruhig unkonventionell, es gibt keine festen Regeln. Erlaubt ist, was funktioniert!

Vielleicht kann sich dein Kind mit Musik besser konzentrieren? Es gibt Apps mit Musik, die für bestimmte Tätigkeiten zusammengestellt wurde: für Konzentration und Fokus, zum Lernen, für Kreativität und zur Entspannung. Ruhige Instrumentalmusik ist meist besser geeignet als Musik mit Gesang – dieser könnte dein Kind ablenken.

WENN DIE HAUSAUFGABEN EWIG DAUERN

Häufig sitzen Kinder mit ADHS stundenlang an den Hausaufgaben. Die Zeit verstreicht ungenutzt, weil sie keine Lust auf die Aufgaben haben, über ihren Sinn diskutieren oder sich von allem ablenken lassen.

Deshalb begrenze einfach die Zeit für die Hausaufgaben. Mehr lernen in kürzerer Zeit! Wenn dein Kind in der vorgesehenen Zeit nicht alles schafft, schreibe einen Zettel für die Lehrerin: „Laura hat 45 Minuten konzentriert gearbeitet. Sie ist allerdings nicht mit allen Aufgaben fertig geworden."

Nach einer Weile wird dein Kind konzentrierter arbeiten und sich die Zeit besser einteilen.

Unterstütze dein Kind dabei, sich selbst zu motivieren

Du willst sicher nicht während der gesamten Schulzeit neben deinem Kind sitzen. Deshalb bringe ihm bei, wie es sich selbst motivieren kann.

Aus der ressourcenorientierten Psychologie stammt die folgende, äußerst wirksame Übung. In dieser Übung geht es darum, dass dein Kind sein eigener Beobachter wird. Es soll sich an eine Situation erinnern, in der es geschafft hat, seine Aufgaben mühelos zu erledigen. Dann stelle deinem Kind folgende Fragen:

- Wie hast du dich gefühlt, als du so aufmerksam bei der Sache warst?
- Was hast du dabei gedacht?
- Was war anders? Warum konntest du so aufmerksam sein?

Dadurch, dass sich dein Kind mit diesen Fragen beschäftigt,

- bekommt es ein Gefühl dafür, wie sich Konzentration anfühlt.
- erkennt es, dass es sich selbst in eine aufmerksame und konzentrierte Stimmung bringen kann.
- erfährt es, dass es in bestimmten Situationen aufmerksam sein kann.
- fühlt es sich gesehen und wertgeschätzt von dir.

Positives Verhalten verstärken durch Lob
Positives Verhalten können wir verstärken durch Lob und Anerkennung. Dadurch wird sich unser Kind mit der Zeit immer häufiger auf seine Aufgaben konzentrieren können. Gleichzeitig wächst sein Selbstwertgefühl.

Lob sollte immer konkret und ehrlich sein. Lobe dein Kind also nicht überschwänglich für jede Kleinigkeit, sondern betone das, was dein Kind gut gemacht hat: „Du hast eine ganze Weile konzentriert gearbeitet! Das finde ich toll.“, „Super, wie du selbstständig deine Matheaufgaben erledigt hast!“, „Hey, du hast ja eine ganze Stunde gelesen. Erzähl mir doch von deinem Buch!“.

Wir können gar nicht genug positive und bestärkende Botschaften liefern. Dadurch werden ungünstige Überzeugungen – „Ich kann's ja doch nicht!“ – überschrieben wie auf einer CD. Und hilfreiche Überzeugungen – „Ich kann mich konzentrieren!“ – werden eingeprägt.

Das tut dem oft etwas angeschlagenen Selbstwertgefühl eines Kindes mit ADHS sehr gut. Es glaubt endlich wieder an sich und seine Fähigkeiten!

Hausaufgaben spannend gestalten

Hilf deinem Kind dabei, die Hausaufgaben spielerisch und spannend zu gestalten. Temperamentvolle Kinder lieben Wettbewerbe und laufen unter Zeitdruck zu Höchstleistungen auf.

Macht aus den Hausaufgaben ein Wettrennen:
Schätze mit deinem Kind die Zeit, die es für eine Aufgabe benötigt, zum Beispiel 20 Minuten. Stellt einen Küchenwecker, auf dem dein Kind sieht, wie die Zeit vergeht, entsprechend ein. Innerhalb dieser

Zeit soll dein Kind die Aufgabe schaffen. Danach hat sich das Kind fünf Minuten Pause verdient. Die nächste Aufgabe wird dann wieder in der vereinbarten Zeit erledigt.

Sorge für Abwechslung beim Lernen:

- Stelle etwas Schönes in Aussicht: „Wenn du bis 16 Uhr die erste Hälfte der Matheaufgaben geschafft hast, trinken wir einen Kakao."
- Beginnt mit einer einfachen Aufgabe, die ein Erfolgserlebnis garantiert. Danach folgen herausfordernde Schularbeiten und zum Schluss wieder etwas Einfaches.
- Interessiere dich für die Aufgaben deines Kindes. Schau in seine Bücher und stelle Fragen zu bestimmten Themen: „Warum leuchten Kometen? Kannst du's mir erklären, ich weiß es nicht mehr."
- Rechnet um die Wette. Vielleicht ist dein Kind beim Einmaleins schneller als du?
- Finde Beispiele für die praktische Anwendung des Schulstoffes auf YouTube.
- Zum Fremdsprachenlernen: Schaut euch Filme in Originalsprache mit deutschen Untertiteln an.
- Seid kreativ und habt Spaß.

Die richtige Schule für dein Kind

Wie du jetzt weißt, lernen Kinder mit ADHS anders als „normale" Kinder. Wirbelwinde können gut lernen, wenn die Lehrerinnen und Lehrer zu ihnen passen und verständnisvoll auf die Bedürfnisse der temperamentvollen Kinder eingehen. Die Entscheidung für eine Schule stellt die Weichen für eine glückliche Schulzeit, auch mit ADHS. Ziehe auch eine private Schule in Betracht. Montessori-, Waldorf- oder freie Schulen sind unabhängiger als staatliche Schulen in der Gestaltung des Unterrichts und können sich stärker an den individuellen Bedürfnissen jedes Kindes orientieren.

Wie du die passende Schule für dein temperamentvolles Kind findest

Wenn du eine Schule für dein Kind suchst, lass dich zunächst von deiner Intuition leiten. Was ist dein Bauchgefühl, wenn du das Schulhaus betrittst? Wie ist der Umgangston zwischen Lehrer*innen und Kindern und den Kindern untereinander? Herrscht eine warmherzige, lebendige Atmosphäre? Fühlst du dich wohl oder zieht sich dein Magen zusammen? Höre unbedingt auf dein Gefühl.

Beobachte das Treiben während der großen Pause auf dem Schulhof. Wirken die Kinder entspannt und fröhlich oder nimmst du Anspannung und Aggressionen wahr? Wie gehen die Lehrkräfte mit Rangeleien um? Stell dir dein Kind unter all diesen Kindern vor. Hast du das Gefühl, dass es in dieser Schule gut aufgehoben wäre?

TIPP EINER LEHRERIN ZUM UMGANG MIT STREIT

„Am besten ist es natürlich, wenn es gar nicht erst zum Streit kommt. Muss ein Lehrer doch mal in einen Streit zwischen Schülern eingreifen, kann er viel dazu beitragen, die Situation zu entschärfen – oder sie zu verschlimmern.

Grundsätzlich sollte man Forderungen an die Kinder intuitiv abwägen und überlegen, ob diese dazu führen könnten, dass alles im Frust endet und eskalieren könnte. Man muss spüren, wie es dem Kind geht und wie es reagieren wird. Und nicht immer auf den Einforderungen beharren, sondern auch flexibel im eigenen Handeln sein. Das ist eine Gratwanderung.

Wenn es eskaliert, sollten Lehrer ruhig bleiben und sich nicht aufregen. Eine weitere Regel ist, nichts persönlich zu nehmen, also das Thema beim Kind zu lassen. Das Kind verhält sich ja nicht so, um mich zu ärgern."

Im Gespräch mit der Schulleitung kannst du eine Menge über die Schule herausfinden:

- Wird in der Schule differenziertes Lernen, bei dem auf verschiedene Lernstile der Kinder eingegangen wird, ermöglicht?
- Werden die Schüler als individuelle Persönlichkeiten wahrgenommen und geschätzt?
- Legt die Schule Wert auf klare Strukturen und gegenseitigen Respekt?
- Wie geht die Schule mit besonderen Bedürfnissen einzelner Kinder um? Sprich ruhig an, dass dein Kind gefühlsstark, hochsensibel oder besonders temperamentvoll ist. Aus der Reaktion der Schulleitung hörst du dann heraus, ob die Schule bereit ist, auf die Bedürfnisse von einzelnen Kinder einzugehen.

Herausforderungen an „normalen" Schulen

Das Schulsystem in Deutschland und in den meisten westlichen Ländern beruht immer noch auf alten preußischen Tugenden – Kinder sollen zu gewissenhaften und funktionstüchtigen Mitgliedern der Gesellschaft erzogen werden:

- Das Lernen geschieht linear und nicht ganzheitlich. Deshalb werden Themen, die in der Natur zusammengehören, getrennt behandelt und in verschiedenen Fächern unterrichtet.
- Der Unterricht ist getaktet und das Lernen erfolgt nach einem festen Lehrplan. Was ein Kind in seiner Entwicklung gerade braucht, wird nicht berücksichtigt. Kinder lernen, nur das zu tun, was ihnen gesagt wird, und nur dann, wenn es ihnen gesagt wird.
- Das Lernen wird bewertet: Die Leistungen der Kinder werden einer Qualitätsprüfung unterzogen. Sie werden nach den engen Kriterien der Schule benotet.

- Von oben nach unten: Das Kind ist der Lehrperson unterstellt und muss die Hand heben, wenn es etwas sagen möchte. Der oder die Lernende ist wie ein leeres Gefäß, das mit Wissen gefüllt wird.
- Die Bildung ist standardisiert. Die Regierung gibt vor, wie der Lehrplan aussieht.

Ganz so streng sind die heutigen Schulen zum Glück nicht mehr aufgestellt. Aber viele Elemente der strengen preußischen Erziehung finden wir immer noch. Diese Art der Pädagogik hinterlässt ein ungutes Gefühl, denn unsere Kinder sind lebendige Wesen und keine Maschinen, die als tüchtige Arbeitskräfte der Gesellschaft dienen und bestmögliche Leistung erbringen sollen. Diese Art der Erziehung entspricht nicht der Natur des Menschen und ist lebensfeindlich.

Kinder lernen von Natur aus ganzheitlich und aus innerem Antrieb. Kinder wollen lernen! Kaum ist ein Kind auf der Welt, tut es nichts anderes als lernen. Mit Begeisterung erkundet es die Welt.

Die Aufgabe der Eltern ist es, eine anregende Umgebung zu schaffen und das Kind auf seinem ureigenen Weg zu unterstützen. Das alles bietet die Schule nicht. Kaum sechs Jahre alt, werden Kinder in feste Strukturen eingebunden und sollen das tun, was ihnen vorgesetzt wird. Das natürliche Lernen und die innere Begeisterung werden ausgebremst.

Wir müssen nicht befürchten, dass Kinder, wenn sie frei, natürlich und in ihrem eigenen Tempo lernen dürfen, ungehobelte Wildfänge werden, die sich nicht zu benehmen wissen. Kinder sind soziale Wesen und wollen kooperieren. Wir Menschen sind darauf angewiesen, mit anderen zusammenzuarbeiten. Sozialverhalten ist nicht angeboren, aber wir können uns darauf verlassen, dass die Kinder automatisch durch unser Vorbild lernen, wie Verhalten in unserer Gesellschaft geht.

Es ist erstaunlich, dass sich viele Kinder in das wenig kindgerechte Schulsystem einfügen und dennoch mehr oder weniger erfolgreich lernen können. Aber wer weiß, wie viel Potenzial dabei auf der Strecke bleibt?

Kindern mit ADHS und besonders temperamentvollen Kindern gelingt es meistens nicht, im regulären Schulbetrieb zurechtzukommen. Lineares und nach der Uhr getaktetes Lernen liegt ihnen nicht. Diese Kinder brauchen vielerlei Anregungen und Freiräume, um ihre Neugier und Entdeckerfreude zu befriedigen. Weil sie das in herkömmlichen Schulen aber nicht bekommen, können sie ihre Fähigkeiten nicht einbringen. Die Kinder verkümmern und resignieren oder begehren auf.

Die normale staatliche Schule ist für intensive Kinder nicht „artgerecht". Montessori- und Waldorfschulen fokussieren dagegen das Kind, seine Bedürfnisse und wie es natürlicherweise lernt. Diese Schulen sind die hilfreichsten und förderlichsten Umgebungen für besondere Kinder wie Kinder mit ADHS. Es gibt in Deutschland, Österreich und der Schweiz noch weitere freie Schulen, die ein kindgerechtes Konzept verfolgen.

Montessorischulen

Die italienische Ärztin Maria Montessori revolutionierte Ende des 19. Jahrhunderts die Pädagogik in Italien. Als junge Ärztin übernahm sie die Verantwortung für eine Schule, in der lernschwache und geistig behinderte Kinder erzogen wurden. Sie hat erkannt, dass ...

„... Bildung nicht etwas ist, was der Lehrer herbeiführt, sondern dass es sich um einen natürlichen Prozess handelt, der sich spontan im menschlichen Wesen entwickelt. Man lernt nicht dadurch, dass man Worten

lauscht, sondern kraft der Erfahrung mit der Umwelt, der das Kind folgen wird."

Maria Montessori baute die Schule komplett um, indem sie kleine Möbel, Lernmaterialien und Gegenstände aus dem Alltag hereinbrachte. Die Kinder durften sich frei in dieser Umgebung erproben und lernen. Die Lehrerinnen der Schule behandelten die Kinder mit Respekt und ermutigten sie, ihre eigenen Interessen zu verfolgen.

In der Obhut von Maria Montessori entwickelten sich die Kinder überwältigend zum Positiven: Viele konnten bereits mit fünf Jahren lesen und schreiben, obwohl sie niemand direkt unterrichtet hatte. Die Kinder hatten sich das durch die Beschäftigung mit den Materialien und dem Vorbild der anderen selbstständig angeeignet. Mit der Zeit kam Maria Montessori zu der Erkenntnis, dass alle Kinder – auch die in ihrer Entwicklung zurückgebliebenen – lernen und „Kultur aufsaugen" können:

„Wenn das wahr ist, wenn Kultur ohne jede Anstrengung erworben werden kann, dann lasst uns die Kinder mit anderen Kulturelementen versorgen. Und dann sahen wir sie weit mehr als lesen und schreiben ‚absorbieren': Botanik, Zoologie, Mathematik, Geografie, und alles mit der gleichen Leichtigkeit, spontan und ohne zu ermüden."

Der Grundgedanke der Montessori-Pädagogik lautet:

„Hilf mir, es selbst zu tun."

Grundelemente der Montessori-Pädagogik

Die Philosophie der Montessori-Pädagogik, nämlich dass Kinder sich bestmöglich entwickeln, wenn wir ihnen die Möglichkeit geben, sich in einer optimalen Umgebung frei zu entfalten, ist für ADHS-Kinder wie geschaffen. In einer Montessorischule wird die Persönlichkeit eines jeden Kindes respektiert. Schülerinnen und Schüler beschäftigen sich im eigenen Tempo mit den Themen, die sie interessieren und in ihrer Entwicklung gerade dran sind. Gleichzeitig hilft die klare Struktur und Ordnung in einem Montessori-Klassenzimmer einem leicht ablenkbaren Kind dabei, sich auf seine Aufgabe zu konzentrieren.

Freiarbeit:
Bei der Freiarbeit entscheiden die Kinder, womit sie sich beschäftigen wollen. Sie wählen dazu aus vorgegebenen Themen und Lernmaterialien oder bestimmen selbst, woran sie arbeiten. Nur wenn ein Kind nicht selbst aktiv wird oder mit seiner Aufgabe Probleme hat, wird es von der Lehrkraft unterstützt. Ansonsten hält sich der oder die Lehrer*in zurück und mischt sich in das Tun der Kinder nicht ein. Die Kinder dürfen sich untereinander austauschen und gegenseitig helfen.

Die Befürchtung, dass sich die Kinder drücken könnten, weil das Lernen freiwillig ist, ist unbegründet. Das Gegenteil ist der Fall: Gerade weil sich die Kinder damit beschäftigen dürfen, was sie am meisten interessiert, lernen sie begeistert und konzentriert! So erfahren sie, dass sie Erfolg haben und Lernen Freude macht.

Die vorbereitete Umgebung:
Damit die Kinder selbstständig und eigenverantwortlich arbeiten können, wird das Klassenzimmer für ihre Bedürfnisse eingerichtet und vorbereitet. So soll es ordentlich, hell und freundlich sein. Die Lernmaterialien liegen übersichtlich in Regalen bereit, und innerhalb des Raumes gibt es klar abgegrenzte Arbeitsbereiche. Die Kinder dürfen sich während der Stunde frei im Raum bewegen. Dadurch fühlen sich auch Kinder wohl, denen es schwerfällt, längere Zeit auf einem Platz zu sitzen.

Fokus der Aufmerksamkeit:
Wenn sich Kinder selbst aussuchen, womit sie sich beschäftigen, können sie hoch konzentriert an einem Thema arbeiten. Sie sind dann so versunken in ihr Tun, dass sie sich nicht ablenken lassen. Nach der Arbeit fühlen sie sich zufrieden und ausgeglichen. Diese Momente der tiefen Konzentration sind ein Schlüssel in der Erziehung: Es geht darum, die wertvollen Augenblicke der Konzentration zu erkennen und nicht zu stören.

Fließende Übergänge und Altersmischung:
Maria Montessori beobachtete, dass sich Kinder in altersgemischten Lerngruppen eher zu sozialen und verantwortungsvollen Menschen entwickeln. So haben sie mehr Möglichkeiten, von- und miteinander zu lernen. Auch Kinder mit besonderen Bedürfnissen können problemlos aufgenommen werden. Jedes Kind lernt im eigenen Tempo. Spielen und Lernen werden nicht getrennt betrachtet und gehen ineinander über: Denn Kinder lernen beim Spielen und spielen beim Lernen.

Sensible Phasen der Entwicklung:
In der Entwicklung eines Kindes gibt es Phasen, in denen es für bestimmte Erfahrungen besonders offen ist. In diesen Phasen erwirbt es mit Freude und Leichtigkeit bestimmte Fähigkeiten. Zu einem anderen Zeitpunkt würde es dies nur mit viel Mühe und willentlicher Anstrengung schaffen. Die Montessori-Pädagogik geht davon aus, dass jedes Kind erfolgreich lernen kann.

Waldorfschulen

Rudolf Steiner, geboren 1861, machte sich große Sorgen um die Kinder, als Ende des 19. Jahrhunderts in Deutschland ein Bildungssystem eingeführt wurde. Denn dieses konzentrierte sich seiner Meinung nach nur auf den Verstand und schloss Herz und Seele aus. Daraufhin entwickelte er eine Bildungsphilosophie, die das Lernen ganzheitlich versteht: An Waldorfschulen lernen Kinder mit Kopf, Herz und Hand. Das praktische Tun ist ein wichtiger Bestandteil in der Waldorf-Pädagogik. Dort lernen Kinder Dinge nicht nur theoretisch, sondern wenden sie auch ganz praktisch an. Steiners Ziel war, dass ein Kind sein ganzes Potenzial, mit dem es geboren wurde, ins Leben einbringen kann. Die Waldorfpädagogik beschäftigt sich mit jedem einzelnen Kind. Außerdem hat die Beziehung zwischen Schüler*in und Lehrperson eine große Bedeutung.

Grundelemente der Waldorfpädagogik
In einer Waldorfschule sind alle Kinder willkommen. Sie werden als die unterschiedlichen Persönlichkeiten angenommen, die sie sind, mit ihren Stärken und Schwächen. Das Hauptaugenmerk der Waldorf-Pädagogik wird weniger auf die reine Wissensvermittlung gelegt. Vielmehr sollen die Kreativität und die gesunde Entwicklung der Schützlinge gefördert werden.

An der Waldorfschule herrscht bis zur Oberstufe kein Leistungsdruck. Jedem Kind wird ermöglicht, in seinem eigenen Tempo zu lernen. In der warmen, kreativen und entspannten Atmosphäre einer Waldorfschule können sich auch Kinder mit ADHS wohlfühlen.

Grundsätzlich offen für alle Kinder:
In der Waldorfschule spielen unterschiedliche Begabungen und die Herkunft keine Rolle. Es ist nicht entscheidend, welchen Beruf ein Kind später ausüben wird. Alle Berufe werden gleichermaßen geschätzt. Ein weiterer Grundsatz der Waldorfpädagogik ist soziale Gerechtigkeit.

Kein Sitzenbleiben:
Alle Schüler*innen durchlaufen ihre Schulzeit ohne Sitzenbleiben. Im Gegensatz zu traditionellen Schulen geht es nicht um Auslese, sondern darum, alle Kinder individuell zu fördern. Dazu richtet sich der Lehrplan der Waldorfschulen nach den unterschiedlichen Veranlagungen und Begabungen der Kinder aus.

Keine Noten:
Die Zeugnisse bestehen aus detaillierten Berichten, die beschreiben, was ein Kind geleistet hat, welchen Fortschritt es gemacht und welche unterschiedlichen Begabungen das Kind hat.

Künstlerisch-handwerklicher Unterricht:
Durch ein vielfältiges künstlerisches und handwerkliches Unterrichtsangebot bereits ab der ersten Klasse werden die Kinder im musischen und gestalterischen Bereich ausgebildet. Diese Fähigkeiten werden ebenso hoch geschätzt wie intellektuelle Leistungen.

Entwicklungsorientierter Lehrplan:
Die Unterrichtsinhalte und die Unterrichtsformen – Frontalunterricht, Freiarbeit, Lernstationen, Gruppenarbeit – sind auf die natürlichen Lernprozesse und die optimale Entfaltung der Kinder abgestimmt.

UND WAS IST MIT DEM SCHULGELD?

Mit der Auswahl der geeigneten Schule stellst du die Weichen für eine gute Schulzeit und letztlich für den Lebensweg deines Kindes. Ziehe auch Privatschulen in Betracht. Das Schulgeld ist oft gar nicht so hoch, wie man denken könnte. Erkundige dich einfach nach den Bedingungen bei den jeweiligen Schulen.

WAS ICH DIR NOCH MITGEBEN MÖCHTE

Herzlichen Glückwunsch! Du hast dich auf den Weg gemacht zu einem harmonischeren Familienleben trotz ADHS. In diesem Ratgeber hast du eine Menge Tipps, Strategien und auch ungewöhnliche Anregungen gefunden, die dich vielleicht dazu inspirieren konnten, dein herausforderndes Kind aus einer anderen Perspektive zu betrachten. Wahrscheinlich konntest du schon einiges für dich mitnehmen. Aus eigener Erfahrung kann ich dir versichern, dass Umdenken und Veränderung uns Mut und Energie abverlangen. Wir hängen nun mal an unseren Gewohnheiten. Aber die Anstrengung lohnt sich! Außerdem gibt es ja nur die eine Möglichkeit: Es ist, wie es ist. Unser Kind ist mit seinem besonderen Temperament und seinen Veranlagungen auf die Welt gekommen. Und das ist gut so!

Was wir verändern können, ist der Blickwinkel, aus dem wir die Situation betrachten. Dieser neue, frische Blick verändert unser Denken, unsere Sprache und damit unsere Emotionen. Endlich können wir durchatmen und sehen Licht am Ende des Tunnels. Wir haben in der Hand, wie wir unser Familienleben gestalten! Das ist doch eine richtig gute Nachricht.

- Denk daran, du bist die beste Mama/der beste Papa, die/den dein Kind haben könnte. Lass dich von anderen Menschen nicht verunsichern.
- Du trägst alle Voraussetzungen in dir, um dein Kind beim Großwerden zu begleiten. Gut ist gut genug!
- Sorge gut für dich. Nimm deine Bedürfnisse wahr und wichtig. Lass dich unterstützen.
- Dein Kind ist anders, intensiver und hat von allem mehr. Es ist nicht krank oder gestört. Sein Anderssein ist eine große Chance!
- Arbeite mit der Veranlagung deines Kindes, nicht gegen sie.
- Visualisiere eine positive Zukunft: Dein Kind hat alle Möglichkeiten, ein erfülltes Leben zu führen. Es gibt viele Berufe, in denen aufmerksamkeitsstarke, schnelle und energiegeladene Menschen in ihrem Element sind.
- Sei geduldig mit dir und deinem Kind. Wie alle sind Übende auf unserem Weg.

Ich wünsche dir viel Erfolg auf deinem Weg!

Falls du dir Unterstützung wünschst

Auf meinem Blog findest du immer wieder neue Tipps, Anregungen und konkrete Anleitungen, die dich bei deinem Leben mit einem herausfordernden Kind unterstützen können.

Wenn du dir eine ganz persönliche Begleitung für deine individuelle Familiensituation wünschst, sprich mich gerne an.

Ich bin für dich da!

Hier geht's zu meiner Website:
www.heikehahn.com

Wo du außerdem Hilfe bekommst

Es gibt Zeiten, da helfen die besten Tipps nicht weiter. Wenn dein Kind häufig intensive Emotionen durchlebt, sein Verhalten ihm und anderen Menschen schadet, und wenn es dir zunehmend schwerfällt, irgendetwas Positives an deinem Kind zu erkennen, ist es an der Zeit, professionelle Hilfe zu suchen. Es gibt Fachleute, die euch helfen können! Warte nicht länger in der Hoffnung, dass sich die Probleme auswachsen. Euer Familienleben ist kostbar und dein Kind hat viel mehr Potenzial, als du gegenwärtig erkennen kannst. Jetzt ist der Zeitpunkt zu handeln!

Nummer gegen Kummer: Telefonische Beratung für Eltern, die über ihre Schwierigkeiten mit ihren Kindern oder über Erziehungsfragen sprechen möchten. Kostenlos und anonym: Telefon: 0800 1110550

Kinder- und Jugendpsychiatrischer Dienst: kurzfristige Hilfe in Krisensituationen. Die Telefonnummer der für deinen Wohnort zuständigen Stelle findest du im Internet, auf der Website deiner Stadt oder Kommune.

Kinder- und Jugendpsychiatrische Institutsambulanz an Krankenhäusern – PIA: Die Kinder- und Jugendpsychiatrische Institutsambulanz (PIA) kümmert sich um Kinder und Jugendliche, die an seelischen Erkrankungen oder schweren Verhaltensstörungen leiden – ADHS, Computerspielsucht, Autismus, emotional-instabile Persönlichkeitsstörung und andere. Dein Kinderarzt oder deine Kinderärztin überweist dein Kind dorthin. Oder vereinbare einen Termin direkt bei der PIA deiner Stadt.

Kinder- und Jugendpsycholog*innen, Kinder- und Jugendpsychiater*innen: Leider haben Psycholog*innen und Psychiater*innen oft längere Wartezeiten. Die Telefonnummern von Kinder- und Jugendpsychotherapeut*innen in deiner Stadt findest du im Internet.

Danke

An erster Stelle danke ich meinen wirbeligen, fröhlichen, nachdenklichen und eigenwilligen Kindern. Sie haben mich Vertrauen in den Lauf des Lebens gelehrt, auch wenn die Dinge oft ganz anders kamen, als ich mir das vorgestellt habe. Durch dieses unbedingte Vertrauen konnten wir gemeinsam (meistens) gelassen und fröhlich auch durch stürmische Zeiten kommen.

Ich danke der wunderbaren Kinderärztin Dr. Ingrid Schlenk in Nürnberg. Ohne ihre unermüdliche Aufklärungsarbeit hätte ich wohl nicht zum Thema ADHS gefunden und mich noch lange gefragt, was mit mir los ist ...

Dankbar bin ich den großartigen Suzuki-Musikpädagog*innen: Kerstin Wartberg, Veronika Kimiti, Agathe Jerie, Koen Rens und vielen anderen, die jeden Tag beweisen, dass wirklich jedes Kind durch liebevolle Anleitung äußerst erfolgreich Geige lernen und auch im Leben Erfolg haben kann.

Mein Dank geht an Ulla Nedebock, die mich überhaupt erst auf die Idee brachte, einen Ratgeber zu schreiben, an die Lektorin Friederike Krickel, die mit mir geduldig und humorvoll am Text gefeilt hat und an Mark Wachsmann, der die Fäden bei der Entstehung dieses Ratgebers in der Hand hielt.

Auch den Lesern und Leserinnen meines ADHS-Blogs gebührt mein Dank. Denn für sie mache ich mich immer wieder auf die Suche nach Themen, die hoffentlich unterhaltsam, ermutigend und hilfreich sind. Über ihr wertschätzendes Feedback freue ich mich ganz besonders. Ohne meine Leser*innen gäbe es keinen Blog und keinen Newsletter.

Ganz besonders danke ich allen Eltern, die ich in meiner Coaching-Praxis in Reutlingen oder online begleite, für ihr Vertrauen, ihre Energie und den Mut, ihr Familienleben trotz ADHS tatkräftig zum Positiven zu verändern. Ihre wundervollen Erfolge haben mir schon so manchen Gänsehautmoment beschert. Und daran merke ich immer wieder, dass ich den schönsten Beruf der Welt habe!

Lesenswerte Bücher und hilfreiche Links

Dr. Mary Sheedy Kurcinka: Wie anstrengende Kinder zu großartigen Erwachsenen werden. München, MVG 2018

Dr. Elain N. Aaron: Das hochsensible Kind. MVG 2008

Ellyn Satter: Secrets of Feeding a Healthy Family. Kelcy Press 2008

Mechthild R. von Scheurl-Defersdorf: Deutlich reden – wirksam handeln. Herder 2016

Jesper Juul: Nein aus Liebe. Kösel-Verlag. 17. Edition 2012

Jesper Juul: Leitwölfe sein. Beltz GmbH, Julius. 9. Edition 2018

Jesper Juul: Elterncoaching. Beltz GmbH, Julius. 2016

Mark Williams, Dany Penman: Meditation im Alltag, Arkana. 2011

Fabian Grollimund, Stefanie Rietzler: Erfolgreich lernen mit ADHS, Hogrefe. 2016

Fabian Grollimund, Stefanie Rietzler: Clever lernen! Hogrefe. 2018

Udo Baer: Jetzt reden wir! Diagnose AD(H)S und was Kinder wirklich fühlen. Beltz. 2019

Thom Hartmann: Eine andere Art, die Welt zu sehen. Das Aufmerksamkeits-Defizit-Syndrom, Schmidt – Roemhild. 12. Auflage. 1997

Gerhard Spitzer: Warum zappelt Philipp? – Wie wir entspannt mit ADHS umgehen können, Überreuter. 2010

Astrid und Wilfried Brüning: Schlaumacherbuch, Brüning-Film.de. 2018

Henning Köhler: Schwierige Kinder gibt es nicht. Freies Geistesleben; 8. Edition. 2014

Henning Köhler: War Michel aus Lönneberga aufmerksamkeitsgestört? Freies Geistesleben; 6. Edition. 2020

adhspedia.de

Montessori-Stiftung.de

Waldorfschule.de

Kinder wachsen – Eltern wachsen mit

- So finden Eltern ihren eigenen souveränen Erziehungsstil und schaffen die Basis für eine vertrauensvolle Eltern-Kind-Bindung
- Für alle, die sich im Familienalltag weniger stressen und dennoch ihre Kinder gut erziehen wollen

Stand 2021. Änderungen vorbehalten.

Ulla Nedebock

Wie wir die Eltern werden, die wir sein wollen

192 Seiten, Softcover
14,5 x 21,5 cm
ISBN 978-3-8426-1653-0
€ 19,99 (D) / € 20,60 (A)

Der Ratgeber ist auch als eBook erhältlich.

humboldt
... bringt es auf den Punkt.

Bibliografische Information der Deutschen Nationalbibliothek
Die Deutsche Nationalbibliothek verzeichnet diese Publikation in der deutschen Nationalbibliografie; detaillierte bibliografische Daten sind im Internet über https://dnb.de abrufbar.

ISBN 978-3-8426-1659-2 (Print)
ISBN 978-3-8426-1660-8 (PDF)
ISBN 978-3-8426-1661-5 (EPUB)

3. Auflage

Die Ratgebermarke der Schlütersche Fachmedien GmbH
Hans-Böckler-Allee 7, 30173 Hannover
www.humboldt.de
buchvertrieb@schluetersche.de
www.schluetersche.de

Lektorat: Friederike Krickel, Köln
Covergestaltung: ZERO, München
Coverfoto: FAB.1 – stock.adobe.com; Judith Thomandl – gettyimages; SeDmi – shutterstock.com
Satz: PER MEDIEN & MARKETING GmbH, Braunschweig
Druck und Bindung: Salzland Druck GmbH & Co. KG, Staßfurt